Deutschbuch

Differenzierende Ausgabe

Lern- und Arbeitsheft
für den inklusiven Unterricht

Lösungen

6

Cornelsen

1 Hier ist was los! – Über Ereignisse informieren

Seite 13

1 **b** Mögliche Lösung:

Auf dem Bild sehe ich vier Schüler/eine Linie/einen Sportplatz/eine Schülerin/
eine Startposition/eine Laufstrecke.

Auf dem Bild ist eine Laufstrecke/eine Linie/ein Sportplatz/eine Startposition.

Auf dem Bild sind eine Schülerin und vier Schüler.

2 Mögliche Lösung:

Auf einem Sportfest kann man rennen, werfen und springen.

Bei einem Sportfest können alle Schülerinnen und Schüler der gesamten Schule mitmachen.

3 Mögliche Lösung:

a Über ein Sportfest kann man auf der Schulwebseite etwas erfahren.

b Eltern und die Schulgemeinschaft sollen über ein Sportfest informiert werden.

Seite 14

1 **b** Mögliche Lösung:

Auf dem Bild sehe ich einen Sportplatz mit Basketball, Fußball, Bubble-Fußball, Ausdauerlauf …

An den Stationen können die Kinder springen, hüpfen, balancieren, spielen, klettern …

2 **b** A → 2/B → 4/C → 1/D → 3

Seite 15

3 **b** Mögliche Lösung:

Die Aussagen in den lila Kästen haben Wörter wie „megacool", „voll den Stau", „echt Schiss".
Das ist Umgangssprache.

4 Mögliche Lösung:

1 Ein Bericht über einen Diebstahl wird für die Bewohner der Stadt geschrieben.
Man kann darüber in der Zeitung lesen.

2 Ein Bericht über die Weihnachtsfeier wird für die Eltern geschrieben.
Man kann darüber auf der Schulwebseite lesen.

3 Ein Bericht über einen Polizeieinsatz im Bahnhof wird für die Polizei geschrieben.
Man kann darüber auf einem Formular lesen.

Seite 16

2 zuerst, danach, dann, am Ende

3 **b** **Einleitung**

Was? Sportfest an der Erich-Fried-Schule

Wann? am Donnerstag, 15.09.

Wo? auf dem Sportplatz

Wer? mehr als 400 Schülerinnen und Schüler der Klassen 5 bis 8

Hauptteil

Wie lief es ab? alle versammelten sich auf dem Sportplatz, Vorstellung des Tagesablaufs,
Aufteilen auf die Stationen, Wechsel der Stationen, alle durchliefen alle 10 Stationen

Schluss

Welche Folgen? alle bekamen eine Urkunde, meisten Punkte: 6 c, Pokal und Eistorte

Seite 18

3 **Einleitung**

Beim Sommerfest der Rosa-Parks-Schule am Freitag, den 18.06., von 14:00 bis 16:00 Uhr
fand ein Bubble-Fußballturnier auf dem Sportplatz neben der Schule statt.

Hauptteil

Zuerst zogen die acht Spieler ihre durchsichtigen, luftgefüllten Blasen an.

Danach gab die Schulleiterin Frau Can den Anpfiff.

Insgesamt gab es fünf Spiele.

Jedes Spiel dauerte acht Minuten.

Schluss

Am Ende gewann das Schülerteam dreimal und das Lehrerteam zweimal.

Die Schulleiterin übergab die Medaillen.

Seite 20

1 c **Was** ist passiert? → Ein Schüler ist von der Kletterwand abgerutscht und hat sich am Arm verletzt.

Wann ist es passiert? → nach dem Regen

Wo ist es passiert? → bei der Schulolympiade an der Anne-Frank-Schule, an der Kletterwand

Wer war daran beteiligt? → zwei Schüler: Max und Timon

2 Mögliche Lösung:

Ein Unfallbericht wird geschrieben, um den genauen Ablauf festzuhalten.

Damit deutlich wird, wer Schuld hat und wer die Arztkosten zahlen muss.

Seite 21

3 Wie ist der Unfall passiert? → Max und Timon kletterten beim Regen allein an der Kletterwand.

Warum ist der Unfall passiert? → Max ist auf den feuchten Klettersteinen abgerutscht und
runtergefallen.

Welche Folgen hatte der Unfall? → Max ist auf seinen Arm gefallen. Der Arm tut ihm sehr weh.
Er muss damit zum Arzt.

4 b A: 18.09.2020

B: Anne-Frank-Schule, Hauptstraße 15, 12345 Essen

c 2 – 4 – 1 – 5 – 3 – 7 – 8 – 6

Seite 22

1 b

Präteritum (Vergangenheit)	Infinitiv (Grundform)
passierte	passieren
rannte	rennen
folgte	folgen
rutschte	rutschen
schlug	schlagen
blutete	bluten
riefen	rufen
versorgte	versorgen

2 Der Unfall ereignete sich am 19.02. in der zweiten Hofpause auf dem Pausenhof.
Der Schüler schaukelte und sprang von der schwingenden Schaukel. Als er auf dem Boden aufkam, verstauchte er sich den rechten Fuß. Er rief seinen Freund, der gerade in der Nähe spielte.
Der Freund half dem verletzten Schüler beim Aufstehen und stützte ihn. Gemeinsam gingen sie zu der Pausenaufsicht und meldeten den Unfall.

3 beginnen – begannen, bleiben – blieben, bringen – brachten,
fallen – fielen, fangen – fingen, finden – fanden, geben – gaben,
greifen – griffen, helfen – halfen

Seite 24

2 b **Was?** die Kurzfilmtage
Wann? im Oktober
Wo? in Oberhausen / Stadt Oberhausen
Wer? Kinderjury: Schülerinnen und Schüler Ayman, Lennart, Fiona, Ben und Anna
Warum? Im Rahmen der Filmtage durfte eine Kinderjury 26 Filme aus 24 Ländern anschauen und bewerten.
Wie lief es ab? Die Kinderjury schaute sich die Filme an und bewertete sie.
Außerdem bestimmten die Kinder aus der Jury, wer zwei Preise und eine lobende Erwähnung bekommen sollte. Dafür bekamen sie extra schulfrei.

3 a, b In dem Zeitungsartikel geht es um eine Kinderjury, die im Rahmen
der Kurzfilmtage in Oberhausen 26 Kurzfilme aus 24 Ländern bewertete.
Die Kinderjury bestand aus fünf Schülerinnen und Schülern.
Die Kinder bewerteten die Filme und vergaben zwei Preise.

Seite 25

4 b B → 1 / A → 2

5

kommt in beiden Artikeln vor	kommt nur in Artikel 1 vor	kommt nur in Artikel 2 vor
Kinderjury	Kurzfilmtage	Filmfestival
Preise	Bewertung nach Leistung der Schauspielerinnen und Schauspieler	Bewertung der Geschichte der Filme
Bewertung von Filmen	26 Kurzfilme aus 24 Ländern	8 Filme

2 Mit Tieren leben – Argumentieren und andere überzeugen

Seite 31

1 Mögliche Lösung:
Der Unterschied zwischen einem Tier und einem anderen Geschenk ist, dass ein Tier ein Lebewesen ist und kein Gegenstand, den ich einfach abstellen kann.
Ich muss für das Tier Verantwortung tragen und mich darum kümmern.
Ich muss es füttern, eventuell Gassi gehen oder den Käfig sauber machen.

2 Mögliche Lösung:

Ich habe eine Katze. Sie will immer mit mir spielen. Das macht Spaß.

Aber ich muss jeden Tag ihr Katzenklo säubern. Das ist nicht so toll.

Ich wünsche mir einen Hund, aber meine Eltern erlauben das nicht.

Sie sagen, das wäre eine zu große Verantwortung für die ganze Familie.

3 Mögliche Lösung:

Menschen halten Haustiere, weil sie Tiere lieben / ein Herz für Tiere haben.

Menschen halten Haustiere, weil sie Tiere niedlich finden und mit ihnen kuscheln wollen.

Menschen halten Haustiere, weil ihr Tier für sie so wichtig ist wie ein echter Freund.

Seite 32

1 b A → 2 / B → 3 / C → 1

c 4 → 3

2 b Mögliche Lösung:

– Meiner Meinung nach ist es sinnvoll, ein Haustier zu haben, weil man dann lernt,
  Verantwortung für ein Lebewesen zu übernehmen.

– Ich finde, man sollte lieber kein Haustier haben, weil es anstrengend ist,
  sich darum zu kümmern, und man schnell die Lust daran verlieren könnte.

Seite 33

3 b Mögliche Lösung:

– Ich finde, ein Klassenhaustier ist eine gute Idee, denn dann müssen die Schülerinnen
  und Schüler Rücksicht auf ihr neues Klassenmitglied nehmen und ruhig sein,
  damit das Tier sich nicht erschreckt.

– Ich finde, ein Klassenhaustier ist eine schlechte Idee, denn Tiere haben Bedürfnisse,
  die wir nur schlecht erfüllen können. Außerdem lenkt so ein süßes Tier bestimmt
  viele Schülerinnen und Schüler vom Lernen ab.

c Mögliche Lösung:

Ich denke, Fische wären geeignet, weil sie ruhig sind und nicht so viel Zuwendung benötigen.

4 a Für ein Klassenhaustier sind Bene und Gönül.

Gegen ein Klassenhaustier sind Lina, Sarah und Ali.

b Adam schreibt informierend.

Lina und Ali äußern sich deutlich und nicht nett über Tiere.

Sarah möchte Gereon ärgern.

Bene und Gönül wollen ihre Meinung durchsetzen und provozieren die anderen mit gemeinen Sprüchen.

Lina, Sarah, Bene und Gönül haben gegen Chatregeln verstoßen.

Gemeine Äußerungen sind grau markiert:

Adam Hey Leute! Am Montag sprechen wir im Klassenrat über das Klassenhaustier!
Ankündigung von Frau Miehe!

Lina Ätzend!!! Ich finde Tiere blöd! Die stinken!!

Sarah Da kann sich Gereon drum kümmern! UHHH!!!

Bene Ihr seid so doof! Tiere sind voll süüüüß!!!

Ali Tiere in der Klasse?! Hilfe!!! Ich bin allergisch!

Gönül Mann, was wollt ihr? Wäre doch cool. Endlich mal ein Projekt,
bei dem man etwas Praktisches lernt!

Seite 34

1 **a** Hinweis: Meinung, Begründung, Beispiel

Ich denke, Wellensittiche sind super Haustiere, denn man kann ihnen Tricks beibringen, zum Beispiel das Sprechen.

Ich finde Wellensittiche nicht so gut, weil sie in der Wohnung alles anknabbern.

Bei meiner Tante haben sie beispielsweise die ganze Tapete kaputt gemacht.

b Meinung → Ich denke / Ich finde

Begründung → denn / weil

Beispiel → zum Beispiel / beispielsweise

2 **a** Wellensittiche sind tolle Haustiere. (**C** und **D**)

Wellensittiche sind keine guten Haustiere. (**A** und **B**)

Seite 35

2 **b** B Wellensittiche können Allergien auslösen.

Beispielsweise tränen meiner Schwester immer die Augen, wenn sie mit einem Wellensittich spielt.

C Man kann viel über das Verhalten von Vögeln lernen.

Zum Beispiel wie sie sich einander ihre Zuneigung zeigen, nämlich durch gegenseitiges Füttern.

D Die Haltung von Wellensittichen ist nicht teuer.

Zum Beispiel kostet die Nahrung höchstens 10 Euro im Monat.

c Mögliche Lösung:

Mit einem Beispiel kann man das Erklärte gut verdeutlichen und oft besser verstehen.

3 Mögliche Lösung:

Mich hat beispielsweise der Wellensittich meines Freundes schon einmal gepickt,

als ich ihn streicheln wollte.

4 **a** Mögliche Lösung:

Ich finde, Wellensittiche sind als Haustiere nicht gut geeignet, weil man viel Zeit benötigt,

sich um sie zu kümmern. Zum Beispiel muss man sie täglich aus dem Käfig holen und fliegen lassen.

Außerdem machen sie viel Lärm. Das könnte stören und nerven. Bei meinem Freund haben sich

beispielsweise die Nachbarn über den Lärm seiner Vögel beschwert.

b Mögliche Lösung:

Ich finde, Wellensittiche sind als Haustiere gut geeignet, weil sie zahm und anhänglich sind.

Man kann sie beispielsweise sogar auf der Hand tragen oder auf die Schulter setzen.

Außerdem wirkt das Zwitschern der Vögel beruhigend auf mich.

Zum Beispiel würde mir das beim Arbeiten an meinen Hausaufgaben helfen.

5 siehe 4 a oder 4 b

Seite 36

1 **b** Hinweis: dafür, dagegen

Die Hundedame Curry sucht dringend ein neues Zuhause. Wenn sie sich unwohl fühlt,

läuft sie schnell weg. Beispielsweise öffnet sie Türen und gräbt sich unter Zäunen durch.

Aber Curry kuschelt gern und ist sehr verspielt. Sie braucht hundeerfahrene Menschen mit

viel Zeit und Geduld. Beispielsweise wäre eine größere Familie geeignet, denn Curry ist gesellig

und fühlt sich bei vielen Menschen wohl. Auch für Kinder ab 10 Jahren ist sie gut geeignet.

In ihrem neuen Zuhause sollte es aber nicht zu laut sein, denn Lärm macht ihr Angst,

zum Beispiel wenn Kinder schreien.

Wir hoffen, dass Curry bald ein liebevolles und ruhiges Zuhause findet.

1 c Was spricht für Curry? | **Was spricht gegen Curry?**

Was spricht für Curry?	Was spricht gegen Curry?
kuschelt gern	läuft schnell weg
ist gesellig / fühlt sich bei vielen	öffnet Türen
Menschen wohl	braucht hundeerfahrene Menschen
für Kinder ab 10 Jahren geeignet	braucht viel Zuwendung
	Angst vor Lärm / schreienden Kindern

2 b, c Mögliche Lösung:
- Ich finde Curry gut als Klassenhund geeignet, weil sie Kinder mag und viel Aufmerksamkeit bekommen würde. Beispielsweise könnten die Kinder in den Pausen mit ihr schmusen und spielen.
- Ich finde, Curry ist nicht als Klassenhund geeignet, weil sie sich bei dem Lärm in der Klasse nicht wohlfühlen würde und weglaufen könnte. Zum Beispiel könnte Curry die Tür öffnen und davonlaufen, wenn sie durch das Geschrei der Kinder verängstigt wäre.

Seite 42

1 b Mögliche Lösung:
Ich finde Schafe an unserer Schule eine tolle Idee, um einen Bezug zu Tieren aufzubauen und etwas über sie zu lernen.
Ich frage mich, ob die Schafe sich bei so vielen unterschiedlichen Schülerinnen und Schülern wohlfühlen oder verängstigt sind.

2 a A X Die Schafhaltung ist sinnvoll.
b Hinweis: <u>Begründung</u>, <u>Beispiel</u>
Seit Oktober halten wir an unserer Schule drei Schafe: Wolly, Cooky und Crispy.
Die Schafe stehen auf der Wiese neben dem Sportplatz.
Die Nächte verbringen sie in einem Stall. Die Schafe werden abwechselnd von den Schülerinnen und Schülern aller Klassenstufen versorgt. Eine Lehrerin und einige Eltern unterstützen sie dabei.
An den Wochenenden und in den Ferien kümmern sich Eltern um die drei Schafe.
Die Schülerinnen und Schüler sammeln <u>wertvolle Erfahrungen im Umgang mit Tieren.</u>
Sie lernen <u>viel über die Bedürfnisse</u> von Tieren. <u>Sie beobachten das Verhalten der Tiere.</u>
Außerdem lernen sie dabei <u>Teamarbeit. Zum Beispiel erledigen immer mehrere Schülerinnen und Schüler das Füttern und das Säubern des Stalls gemeinsam.</u>
c Das Beispiel bezieht sich auf die Teamarbeit.

Seite 43

3 b Mögliche Lösung:
Ich finde Iyads Aussage gut, weil er sie begründet und sogar ein Beispiel nennt.
Die Aussage von Felix finde ich gemein den Tieren gegenüber.

4 a, b, c Hinweis: Begründungen für, Begründungen dagegen, Beispiel
Felix Bitte keine Schafe! Die machen doch <u>nur Dreck</u>. Das ist <u>viel Arbeit!</u>
Ranya Ich finde Schafe toll! Die sind so süß! Man kann sie streicheln und mit ihnen kuscheln.
Iyad Ich finde die Idee super, denn ich will mal Tierpfleger werden.
Mit den Schafen könnte ich viel über Tiere lernen, zum Beispiel über die Haltung von Nutztieren.

5 Mögliche Lösung:
Ich finde diesen Vorschlag gut, weil ich Schafe mag und mich gerne um sie kümmern würde.
Ich würde zum Beispiel gerne das Füttern der Schafe übernehmen.

6 Mögliche Lösung:

Liebe Frau Müller,

Sie haben uns gebeten, Ihnen unsere Meinung über die Schafhaltung an unserer Schule mitzuteilen.
Ich finde diesen Vorschlag toll, weil ich Schafe mag und mich sehr gerne um sie kümmern würde.
Beispielsweise könnte ich die Schafe regelmäßig füttern.

Viele Grüße

Lisa

3 Von Freundinnen und Freunden –
Über gemeinsame Erlebnisse erzählen

Seite 49

1 a Mögliche Lösung:

Die Freundinnen und Freunde wollen zusammen zelten und gemeinsam essen.
Ein Junge grillt Würstchen. Andere bauen ein Zelt auf. Ein Mädchen und ein Junge
bringen noch anderes Essen mit.

b Mögliche Lösung:

Die Freundinnen und Freunde essen und feiern gemeinsam. Sie haben Spaß miteinander.
Irgendwann sind am Himmel Gewitterwolken zu sehen. Ein Sturm zieht auf. Eines der Zelte ist undicht.
Alle Sachen sind ganz nass.

Seite 50

1 a Vier Freunde waren mit ihren Fahrrädern unterwegs.
Sie wollten zu einem Aussichtsturm fahren.
Plötzlich sahen sie ein Auto mit vielen Müllsäcken.
Dann stiegen sie ab und hörten laute Stimmen.

2 a, b Mögliche Lösung:

hockten hinter der Hecke, beobachteten etwas mit dem Fernglas, fühlten sich wie Detektive,
flüsterten miteinander

Seite 51

3 a, b Mögliche Lösung:

drei Männer, wild, der riesige Haufen, viele Müllsäcke im Wald, mitten im Wald, verboten

c, d Mögliche Lösung:

schnell, Handy, Nachricht an die Polizei, Rucksack

e, f Mögliche Lösung:

Umweltverschmutzer, kurz danach, schimpften, Polizei kam

Seite 52

1 b Die Reizwörter stehen in folgenden Zeilen:

ein Freund: Zeile 23   der morsche Bootssteg: Zeilen 4, 15

helfen: Zeile 17   die Grillhütte: Zeilen 6, 7

der Forellenteich: Zeilen 2, 13   verletzt: Zeile 21

c Alle drei Antworten sind richtig.

2 b, d **Satz der neugierig macht und Spannung erzeugt:** Die beiden ahnten nicht, welch spannendes
Abenteuer sie bei den Forellen erwartete.
treffende Verben (Tuwörter): hörten, ruft, sprangen, stürmten, hänge, trauten, eingebrochen, schrie,
riefen, helfen, krochen, herauszuziehen
anschauliche Adjektive (Wiewörter): seltsames, überrascht, lauter, morschen, vorsichtig, morschen

Seite 53/1

1 a 3 – 1 – 7 – 8 – 5 – 2 – 4 – 6
b Mögliche Lösung:
Der Hauptgewinn

Seite 53/2

2 a Kevin und Maurice machen einen Ausflug in den Kletterpark.
Sie freuen sich riesig auf die Hängebrücke.
Noch weiß Kevin nicht, dass er Höhenangst hat.
b Im Kletterpark angekommen, probieren sie verschiedene Kletterwände/Stationen/Geräte aus.
Endlich gelangen sie zur der Hängebrücke.
Kevin hat plötzlich ein mulmiges/komisches Gefühl.
Auf der Hängebrücke kann er nicht mehr weitergehen.
Maurice macht seinem Freund Mut.
Er schlägt vor: „Sollen wir zusammen über die Brücke gehen?/es gemeinsam versuchen?
c Mögliche Lösung:
Gemeinsam sind wir stark.
d Alle vier Antworten sind richtig.

Seite 54

2 Die folgenden Wörter/Wortgruppen hast du in der Reihenfolge eingesetzt:
am Wochenende, im Garten, die Leiter, es anders kommen sollte als geplant.

Seite 55

3 a Die folgenden Wörter/Wortgruppen hast du in der Reihenfolge eingesetzt: auf die Leiter, höher, stark,
Ästen und Blättern, dicken und saftigen Kirschen, freuen, ist die Leiter geblieben, Angst, ein mulmiges
Gefühl, Wie soll ich bloß wieder runterkommen?, Hilfe!
b Die folgenden Wörter/Wortgruppen hast du in der Reihenfolge eingesetzt: Stimmen, Freunde Kaya und
Max, Ich habe eine gute Idee, eine Räuberleiter, Kirschen, Da hast du aber Glück gehabt.

Seite 59

1 b **Chris** Zeilen 1–3, Zeilen 19–20, Zeilen 21–22
c **Titus** Zeile 15, Zeilen 25–26

2 Chris ist beliebt und hilfsbereit.
Er fährt normalerweise nach der Schule sofort nach Hause.
Aber jetzt war er woanders hingefahren.

Seite 60

a, b 10 – 2 – 6 – 11 – 8 – 3 – 7 – 5 – 9 – 1 – 4

4 Sportlich unterwegs – Beschreiben

Seite 67

1 **b** Der Scooter ist halb hellgrau, halb dunkelblau gefärbt.
Er besteht aus Metall.
Seine Reifen sind klein.
Das Standbrett ist eckig.

2 die Farbe, das Material, die Größe, die Form

Seite 68

1 Notizzettel 1: die Wurfscheibe / die Frisbeescheibe
Notizzettel 2: das Skateboard
Notizzettel 3: das Einrad

2 Das Hauptmaterial besteht aus Metall.
Die Oberfläche ist glatt.
Seine Farbe ist metallisch.
Der Gegenstand hat eine runde Form.
Die Bestandteile sind der Rahmen, der Lenker, die Bremse, die Reifen, der Sattel und die Pedale.
Man kann gut damit Tricks machen.

Seite 69

3 Mögliche Lösung:
a der Junge im Rollstuhl
b Der Junge wirft einen Ball.
c Der Junge braucht dazu einen Ball oder Kugeln.
d Er trägt ein T-Shirt, eine kurze Hose und Turnschuhe.

Seite 70

1 **b** X im Sportkatalog

2 1 Die Art des Gegenstands
2 Die Größe, die Form, das Hauptmaterial und die Hauptfarbe
3 Die Beschreibung einzelner Bestandteile
4 Die Besonderheiten und die Gebrauchshinweise

Seite 71

3 oben: das Griptape
Mitte unten: die Trucks
links unten: die Nose
rechts unten: das Tail

4 oval, tiefschwarzen, raue, rutschfeste, metallisch, gelb

5 nutzen, bezeichnet, besteht, weist auf, dienen, bestehen, besitzt

Seite 72

2

die Bestandteile	die Form / die Größe	das Material	die Farbe
das Kicktail	nach oben gebogen	Holz	gelb, orange, rot, schwarz
das Griptape	oval, 55 cm lang	Holz	schwarz, gelb
die Nose	nach oben gebogen	Holz	gelb, orange, rot, schwarz
die Rollen	rund	Kunststoff	weiß

3 Skateboard zu verkaufen!
Das Skateboard ist 55 cm lang.
Das Deck ist aus Holz.
Das Griptape hat verschiedene Farben. Es ist gelb, orange, rot und schwarz.
Es hat eine ovale Form.
Die Unterseite des Decks hat Flammen.
Kicktail und Nose sind nach oben gebogen.
Die Rollen sind aus Kunststoff.
Insgesamt ist das Skateboard sehr robust.
Man kann damit über Hindernisse fahren.
Es ist besonders für Anfänger/-innen und geübte Fahrer/-innen geeignet.

Seite 74

2 a BMX-Rad vermisst!
 b der Rahmen: blau, ohne Kettenschutz, weiße Streifen, kein Gepäckträger
   der Lenker: besonders hoch, schwarz
   die Reifen: schwarz, Stollenreifen, grob
 c weit nach hinten gehender Rahmen

Seite 75

3 BMX-Rad vermisst!
Am 21.06.20XX ist mein blaues BMX-Rad verloren gegangen.
Zuletzt habe ich es in der Parkstraße in Köln gesehen.
Besonders auffällig sind die strahlend weißen Streifen auf dem blauen Rahmen.
Der Rahmen ist sehr außergewöhnlich.
Er geht weit nach hinten.
Der Lenker ist besonders hoch.
Das Fahrrad besitzt keinen Gepäckträger und keinen Kettenschutz.
Das Fahrrad hat eine Stollenbereifung.
Die Reifen sind schwarz und grob.
Am besten bin ich unter der E-Mail-Adresse (deine ausgedachte E-Mail-Adresse) zu erreichen.
Ich bin dankbar für jeden Hinweis!
(dein Name)

Seiten 78–79

2 Überschrift: Buschball
Buschball ist eine Sportart für den Schulhof, den Park, die Wiese oder den Garten.

Es müssen mindestens zwei Spielerinnen und Spieler dabei sein.

Für das Spiel besorge dir einen Ball, ein „Ziel", zum Beispiel eine Fahnenstange, einen Stock, einen Besenstiel oder einen Eimer.

In der Runde 1 platziert Spielerin oder Spieler 1 die Fahnenstange als Ziel.
Hindernisse sind erwünscht.
Den Startpunkt muss man festlegen.

Spielerin oder Spieler 2 versucht, mit möglichst wenigen Schüssen die Fahnenstange zu treffen.

Ein Spieler notiert die Anzahl der Schüsse.
Dann ist die oder der Nächste dran.

In Runde 2 platziert Spielerin oder Spieler 2 das Ziel / die Fahnenstange.
So geht es reihum weiter, bis alle dran waren.
Wer zum Schluss die wenigsten Schüsse hat, ist die Siegerin oder der Sieger.

Das Ziel des Spieles ist es, mit möglichst wenigen Schüssen das Ziel / die Fahnenstange zu treffen.

5 „Das glaubst du nicht!" – Lügengeschichten lesen und verstehen

Seite 85

1 Mögliche Lösung:
Auf dem Bild sehe ich lachende Soldaten.
Aus Kanonen kommen viele Federn heraus.
Überall fliegen die Federn umher.
Im Hintergrund ist eine Burg zu sehen.
Ganz vorne steht auf der linken Seite der Lügenbaron Münchhausen und auf der rechten Seite sind Gänse zu sehen.

2 Mögliche Lösung:
Till Eulenspiegel

Seite 86

1 **a** Der Angler behauptet, dass er einen zwei Meter langen Fisch gefangen hat.
In Wirklichkeit war der Fisch winzig.

3 **b**
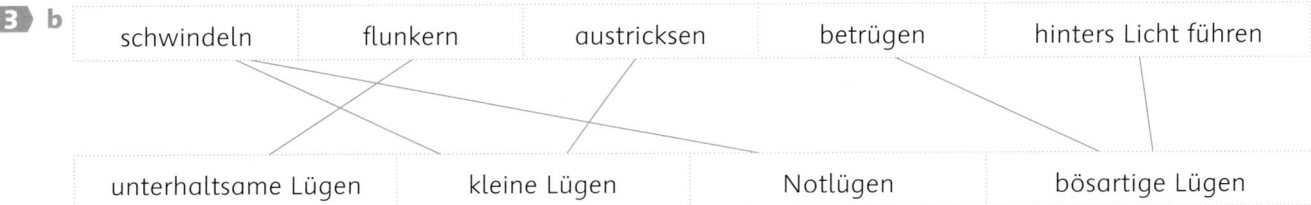

Seite 87

5 A etwas an den Haaren herbeiziehen → eine unpassende, unlogische Erklärung geben
B jemandem ein X für ein U vormachen → jemandem eine falsche Information geben, um einen Vorteil zu haben
C jemanden an der Nase herumführen → jemanden täuschen

6 A → 3 / B → 2 / C → 1

Seite 89

2 A ~~Münchhausen hat die Kanonenkugeln mit Federn beklebt.~~
B Münchhausen stopfte Federn in die Kanonen.
C ~~Der erste Schuss am nächsten Morgen krachte laut durch die Luft.~~
D ~~Die Soldaten fegten die Federn zusammen und kämpften weiter.~~
E Die Soldaten saßen am Boden und hielten sich den Bauch vor Lachen.
F Diese Schlacht wurde noch Jahre später „Lügenbaron Münchhausen und seine berühmte Schlacht" genannt.

3 b **~~wahr oder gelogen?~~**

1 Münchhausen war Soldat.
2 Münchhausen wollte den Krieg ohne Kampf beenden.

~~wahr oder gelogen?~~

3 In einer Schlacht in Russland vergaßen alle vor Lachen das Kämpfen.
4 Der Lügenbaron Münchhausen besorgte dicke Säcke voller Gänsefedern.
5 Weiße Federn schwebten herab wie Schnee.

c **wahr:** 1 Zeile 3, 2 Zeilen 6–7
gelogen: 3 Zeilen 4–6, 4 Zeilen 7–8, 5 Zeile 19

Seite 92

2 A Der Erzähler Baldur Borin hat schon in vielen Berufen Erfahrungen gesammelt.
B Ein junger Mann will Detektiv werden. Baldur Borin soll ihm das Verwandeln beibringen.
C ~~Baldur Borin ist kein guter Verwandlungskünstler. Darum klappen manche Versuche nicht.~~

3 Zeilen 6–7, Zeilen 24–26, Zeilen 34–35

4 a Fuchs (Z. 6), Blaumeise (Z. 6), Wand (Z. 7)

Seite 97

2 Der Erzähler übertreibt oder lügt, wenn er sagt,
X dass er schon als ganz kleiner Junge seine erste Schiffsreise unternommen hat.
X dass die Bäume nach dem Sturm wieder genau an ihrem alten Platz landeten.
X dass er immer erst in letzter Sekunde wegsprang, um nicht getroffen zu werden.

Seite 99

2 Glaubt Herr Theobaldt Inas Entschuldigung?   X nein

3 X streng   X sauer   X ärgerlich   X unfreundlich

4 b Mögliche Lösung:
Zeilen 7–9, Zeilen 16–17, Zeilen 21–24, Zeilen 26–28

6 Sagenhafte Helden – Sagen untersuchen und nacherzählen

Seite 105

1 Mögliche Lösung:
Ein junger, starker Krieger mit Schwert und Helm hält ein Wollknäuel in der Hand.
Er trifft auf ein wütendes Fabelwesen/einen wütenden Stiermenschen.

Seite 106

1 a Mögliche Lösung:
Der Held Theseus ist vielleicht 20 Jahre alt. Er wirkt stark und kräftig.
Er hat ein Schwert bei sich.
Er trägt einen Umhang und Sandalen.
b Mögliche Lösung:
Vermutlich ist Theseus sehr ehrgeizig, aber auch mutig, tapfer, klug und zielstrebig,
hilfsbereit, freundlich und gerecht.

2 a Welche Ortsnamen werden heute noch verwendet?
Athen, Naxos, Kreta
b Troizen liegt am Mittelmeer. (**r**)
Athen liegt auf der Insel Kreta. (**f**)

Seite 107

4 **Aus welcher Zeit stammen die Sagen?**
Sie wurden 700 Jahre vor Christus aufgeschrieben.
Als mündliche Erzählungen gab es sie schon vor 3000 bis 4000 Jahren.
Worum geht es in den Sagen?
Es geht oft um Kämpfe zwischen Göttern, Halbgöttern, Fantasiewesen und Menschen.

Seite 108

2 A **Warum hat Aigeus die Sandalen und das Schwert unter dem Felsen versteckt?**
Der Sohn soll ihm Schwert und Sandalen bringen. Daran will Aigeus seinen Sohn erkennen.
B **Wie reiste Theseus von Troizen nach Athen?**
Er wählte den gefährlicheren Landweg.
C **Welchen Weg ging Theseus von Troizen nach Athen?**
Landweg von Troizen nach Athen
D **Welche Heldentaten vollbrachte Theseus auf dem Weg nach Athen?**
Theseus überwältigte den Räuber. Er nahm dessen eiserne Keule mit.
Auf seinem Weg traf Theseus auch andere Räuber und Riesen.
Er kämpfte gegen Untiere wie einen riesigen Stier sowie eine gefährliche Wildsau.

Seite 111

2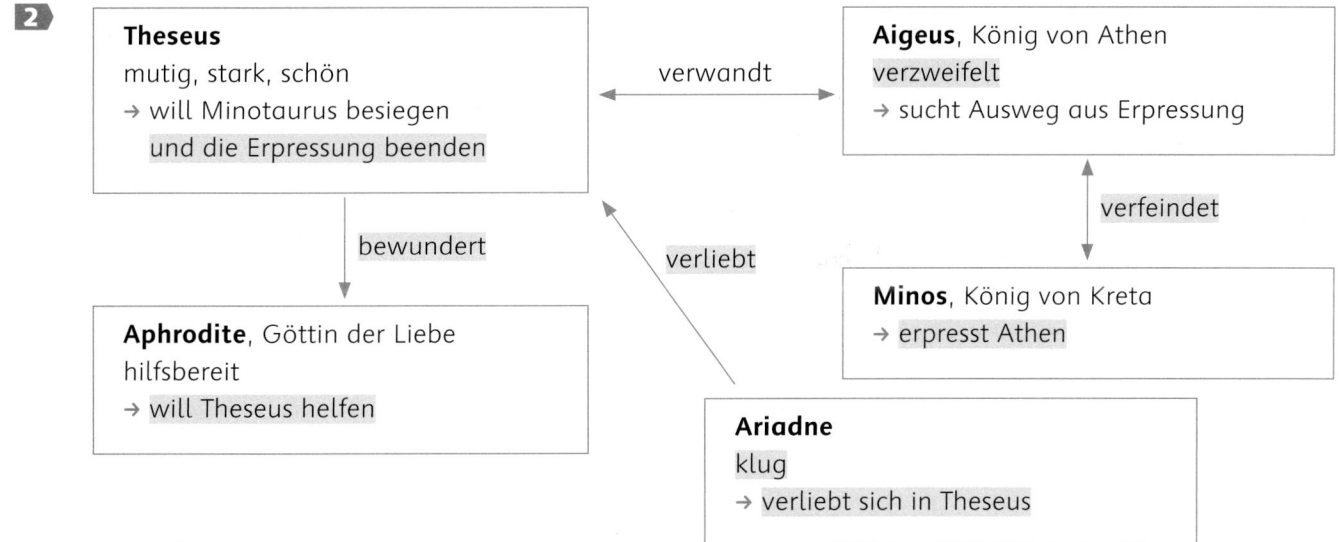

3 C Der Sieg über den Minotaurus ist eigentlich eine gemeinsame Heldentat von Theseus, Ariadne und der Liebesgöttin Aphrodite.

Seite 113

1 b X SC Theseus zerstörte Schiffe, weil er ohne Verfolger fliehen wollte.

X HI Theseus ließ Ariadne auf der Insel Naxos zurück.

X FF König Aigeus glaubte, Theseus wäre tot. Darum sprang er ins Meer.

2 a 1 → A / 2 → C / 3 → B

Seite 115

1 b 1 **Wer lebte in Köln am Neumarkt?** die reiche Familie von Aducht

Was ist die Pest? eine sehr ansteckende, tödliche Krankheit

Wann war die Pest? 1357

2 **Was tat der Mann von Richmodis, als er dachte, seine Frau sei gestorben?**

legte goldene Halskette an, ließ kostbaren Ring an ihrem Finger

3 **Warum wollten die Totengräber die Gruft nachts wieder öffnen?**

wollten den Schmuck stehlen

4 **Was passierte, als sie den Ring vom Finger ziehen wollten?**

Richmodi stöhnte laut und machte die Augen auf.

5 **Was rief Herr von Aducht zu dem Diener?**

(Zeilen 48–50)

Seite 118

3 Mögliche Lösung:

Vor langer Zeit lebte in der Nähe der Stadt Schwerte eine junge Frau auf einem Gutshof.

Er lag weit entfernt von der Stadt in einem einsamen Wald. Die Frau war geizig und reich.

Sie forderte von den Bauern zu viel Geld. Damit richtete sie ihre Zimmer prächtig ein.

Sie konnte ihren Reichtum aber nicht lange genießen, denn sie starb sehr früh.

7 Tiere, die wie Menschen handeln – Fabeln lesen und gestalten

Seite 125

1 **Welche Tiere begegnen sich?**
Rabe und Fuchs, Löwe und Maus
Wie sehen die Tierpaare aus?
Der Rabe ist schwarz.
Der Fuchs hat rotes Fell. An manchen Stellen ist das Fell weiß.
Der Fuchs trägt eine karierte Hose und hat blau-weiße Schuhe an.
Der Löwe hat ein gelbes Fell. Seine Mähne ist braun.
Die Maus ist grau und weiß. Sie trägt einen Hut.

2 Mögliche Lösung:
Worüber könnten sich die Tierpaare unterhalten?
Die Maus könnte dem Löwen etwas über die Größe erzählen.
Worüber könnten sich die Tierpaare streiten?
Der Rabe und der Fuchs könnten sich um den Käse streiten.
Wie könnten die Begegnungen enden?
Der Löwe und die Maus könnten Freunde werden.
Der Fuchs isst den Käse allein. Der Rabe ist traurig darüber.

Seite 126

1 b A **Welche Tiere begegnen sich?**
Rabe und Fuchs
B **An welchem Ort begegnen sie sich?**
auf einer Wiese an einem Baum
c Ein Rabe saß auf einem Baum und hatte ein Stück Käse im Schnabel.
Der Fuchs roch den köstlichen Käse.
Da sprach der Fuchs: „Wenn Ihr Gesang ebenso schön ist wie Ihr Gefieder,
dann sind Sie von allen hier der Größte im Wald!"
Der Rabe fühlte sich geschmeichelt und begann zu singen.
Dabei fiel der Käse aus dem Schnabel.
Der Fuchs freute sich diebisch über seine Beute und meinte:
„Danke für die Mahlzeit."

Seite 127

2 a Fuchs: listig, schlau, triumphierend
Rabe: gutgläubig, geschmeichelt, traurig
b Fuchs: falsch, gerissen
Rabe: naiv, unschuldig

Seite 129

1 **b, c** Mögliche Lösung:

1 Ich bitte dich, dass du mir vorsingst.

2 Wenn der eingebildete Hahn anfängt zu singen, dann kann ich ihn fangen.

3 So antworte du ihnen doch, das ist mein Hahn und nicht euer Hahn.

4 Wenn der Fuchs das sagt, kann ich schnell wegfliegen.

2 **a** überredet das andere Tier (den Hahn), schmeichelt dem anderen Tier (dem Hahn), erklärt nicht seine Absicht

b erklärt nicht seine Absicht, überredet das andere Tier (den Fuchs)

c X Wer andern eine Grube gräbt, fällt selbst hinein.

Seite 130

1 **a** Mögliche Lösung:

Der Löwe ist gefangen in einem Netz. Das Netz ist am Baum festgebunden.

Der Löwe ärgert sich. Er will sich befreien.

b Mögliche Lösung:

Die Maus kann dem Löwen helfen.

Sie kann Hilfe holen oder das Netz anknabbern.

Seite 131

3

Löwe	Maus
vorsichtig	unvorsichtig
groß	klein
eingebildet	bescheiden
undankbar	dankbar
müde	wach
mächtig	schwach

4 Abschnitt 1: Zeilen 1–3

Abschnitt 2: Zeilen 4–8

Abschnitt 3: Zeilen 9–17

5 Behandle deshalb auch den Geringsten nicht übermütig/überheblich.

Seite 134

1 **b** Zeile 1: Mücke und Löwe

c Zeilen 1–2: Aufforderung zum Zweikampf

d Mögliche Lösung:

Ich bin stärker als du. Ich habe keine Angst vor dir.

e Mögliche Lösung:

Ich bin stärker als du, du willst mit mir kämpfen? Ich kann dich einfach auffressen.

Seite 136

1 **b** Mögliche Lösung:

Bild 2: Wie wild stürzten sie sich darauf, denn sie hatten beide großen Hunger.
Hund und Fuchs zerrten von beiden Seiten an der Wurst.

Bild 3: Da kam der kluge Affe und sagte: „Ich kann euch helfen."
Hund und Fuchs gaben dem Affen die Wurst.

Bild 4: Der Affe schnitt mit dem Messer die Wurst in zwei Stücke.

Bild 5: Der Affe sagte: „Die Waage ist nicht im Gleichgewicht.
Ich muss noch etwas abschneiden."

Bild 6: Der Affe biss von der Wurst ab. Dem Hund tropfte das Wasser aus dem Mund.

Bild 7: Dann legte der Affe beide Wurststücke auf die Waage.
Hund und Fuchs schauten traurig, denn nun war die Waage wieder nicht im Gleichgewicht.

Bild 8: Der Affe biss so lange von den Wurststücken ab, bis die Wurst aufgefressen war.

Bild 9: Der Affe legte sich mit vollem Bauch auf die Wiese.
Hund und Fuchs schlichen traurig weg.

Möglich sind alle drei Lehren:

Traue nie dem Urteil eines anderen.

Wenn zwei sich streiten, freut sich der Dritte.

Unterschätze nicht die Klugheit eines Affen.

8 Die Natur hat viele Gesichter – Gedichte verstehen, vortragen und gestalten

Seite 143

1 Mögliche Lösung:
Ich mag den Frühling, weil es wieder grün wird.
Im Sommer kann ich schwimmen gehen.
Im mag den Herbst, weil die Blätter wieder bunt werden.
Im Winter kann ich Schlitten fahren.

Seite 144

1 **b** der Frühling: die Sonne, schmelzen, die Tulpe, grüne Wiesen, die Blüten
der Herbst: windig, der Sturm, bunt, der Regen, die Gummistiefel

Seite 145

3 **b** **Der Sommer:** Hosen – Rosen, einher – Meer, Delfin – Jasmin
Der Winter: Tupfen – Schnupfen, Kristall – Karneval, Nord-Ost – Frost

Seite 146

2 **a** Schaukelstuhl – kuhl, Winde – Linde, Tag – mag

3 Das Wort **nackeln** ist ein anderes Wort für wackeln.

Seite 147

1 **b, c** Feld – hinhält, Wald – schallt, weiß – Mais

2 **a, b**

klingt gleich und wird gleich geschrieben	klingt gleich, wird aber nicht gleich geschrieben
der Weg – der Steg	das Land – der Elefant
der Mund – der Grund	der Spuk – der Flug
er tobt – er lobt	er sieht – das Lied
das Hemd – fremd	rund – bunt

3 die Felder – die Wälder, fällt – die Welt, das Wetter – die Blätter, die Bäume – die Träume

Seite 148

1 **b** B → 1 / A → 2

2 B → 1 / C → 2 / A → 3

Seite 149

3 **b** Mögliche Lösung:
Hagelkörner sind rund und weiß.

4 **b** A → 1 / B → 2

Seite 150

1 **b** A → 3 / B → 5 / C → 2 / D → 7 / E → 4 / F → 8 / G → 6 / H → 1

Seite 152

1 Die Wörter sind angeordnet wie eine Wolke.

Seite 155

1 **b** Das untere Foto passt gut.

9 König Artus – Ein Theaterstück untersuchen und weiterschreiben

Seite 159

1 **a** Mögliche Lösung:
die Kleidung, das Schwert, die Gestik (die Körperhaltung), die Mimik (der Gesichtsausdruck)
b Mögliche Lösung:
Wie wirkt der Schauspieler mit dem Schwert?
Der Schauspieler wirkt konzentriert und nachdenklich.
Wie wirkt die Schauspielerin?
Die Schauspielerin wirkt erstaunt und fragend.

2 **a** Mögliche Lösung:

Ein Held oder eine Heldin ist für mich mutig und klug. Er oder sie ist ein Vorbild.

b Mögliche Lösung:

Artus war ein König.

Artus war eine Sagengestalt.

Seite 160

1 **b** Mögliche Lösung:

Auf dem Bild sehe ich einen runden Tisch, an dem elf Ritter sitzen.

In der Mitte sind vier kleinere Personen zu sehen, dies sind wahrscheinlich die Diener.

Der Ritter Merlin und König Artus stehen.

Woran erkennt ihr den Zauberer?

– an der Größe, an seiner Gestalt, an seinem Gewand / an dem, was er trägt

Woran merkt ihr, dass das Bild sehr alt ist?

– an der Kleidung, an dem Aussehen des Raumes (die Ornamente – die Muster), die Möbel

2 **b** Mögliche Lösung:

Alle haben so das Gefühl, gleichberechtigt zu sein.

Seite 161

3 **c** John wollte das Schwert aus dem Stein ziehen, um so der nächste König zu werden.

Er schafft es aber nicht, das Schwert aus dem Felsen zu ziehen.

Seite 168

2 Ich bin **Artus**. Ich bin noch jung. Trotzdem denke ich an die Zukunft.

Ich habe eine Burg gebaut, weil ich handwerklich begabt bin.

Ich habe der Burg einen Namen gegeben. Ich bin fantasievoll.

Alle Fürsten werde ich an einen runden Tisch einladen, denn ich habe einen Traum.

Ich träume vom Frieden.

Ich bin **Merlin**. Ich bin schon älter.

Ich interessiere mich für Artus und für seine Ideen, denn ich will ihn unterstützen.

Ich bin fürsorglich. Ich bin davon überzeugt, dass Artus ein weiser König wird.

Seite 172

2 **Artus:** Ohne mich! Das kann ich nicht! Ich will kein König sein!

Lancelot: Überlege doch. Du bist nicht allein. Du hast Freunde. Was du alles tun kannst!

Listenweib: Das Schwert hat dich zum König erwählt.

Artus: Warum ich?

Listenweib: Du wirst eine Burg bauen und ein gerechtes Königreich schaffen.

10 Rund um Medien – Sachtexte verstehen

Seite 177

1 **a** Mögliche Lösung:

Mit Medien kann ich ...
- ... mich über ein Thema informieren.
- ... mich bilden, indem ich etwas Neues lerne.
- ... Bücher/Geschichten/Texte lesen.

b Mögliche Lösung:

Wir haben zu Hause einen Fernseher, ein Radio und einen Computer.
Damit kenne ich mich aus. Zeitschriften liest meine Oma gerne, mein Opa liest Zeitung.
Und ich lese gerne spannende Bücher.

2 Mögliche Lösung:

Wenn ich ein Wort nicht kenne, schlage ich es im Wörterbuch nach.
Wenn ich zu einem Thema recherchiere, gebe ich den Begriff in einer Suchmaschine im Internet ein.

Seite 178

1 **b** Mögliche Lösung:

Auf dem ersten Bild sehe ich ein Smartphone.
Auf dem zweiten Bild sehe ich einen Mann, der an einer Maschine arbeitet.
Auf dem dritten Bild sehe ich große Geräte.
Auf dem vierten Bild ist vermutlich ein alter Computer. Das erkenne ich an der Tastatur.

2 **b** Mögliche Lösung:

In dem Text geht es bestimmt um die Erfindung des ersten Computers.
Der erste Computer war anscheinend so groß und schwer wie ein Auto.

3

	Bild 1	**Bild 2**	**Bild 3**	**Bild 4**
Abschnitt	C	E	B	D, A

Bild 1 gehört vermutlich zu Abschnitt C, denn man sieht darauf das Smartphone,
  das im Text beschrieben wird.
Bild 2 gehört vermutlich zu Abschnitt E, da man dort Konrad Zuse sieht.
Bild 3 gehört wahrscheinlich zu Abschnitt B, da man dort den Z3, den ersten Computer, sieht.
Bild 4 gehört zu den Abschnitten D und A, da in diesen Texten der erste Laptop
  beschrieben wird, den man auf dem Bild sieht.

Seite 179

4 **a** die Tonne → Etwas wiegt 1000 Kilogramm.
das Leichtgewicht → Etwas wiegt nicht viel.
tragbar → Man kann etwas gut transportieren.
scherzhaft → Etwas ist nicht ernst gemeint.
der Slogan → ein Werbespruch

b Mögliche Lösung:

Man kann das Wort im Wörterbuch nachschlagen.
Im Lexikon findet man zu vielen Wörtern eine ausführlichere Erklärung.
Man kann das unbekannte Wort in eine Suchmaschine im Internet eingeben
und bekommt die Erklärung sowie Informationen dazu angezeigt.

Seite 180

1 c Mögliche Lösung:

1 Es geht vielleicht um Ostereier, die im Computer oder in Programmen versteckt sind.

2 Ich habe noch nie etwas darüber gehört. /

Ich glaube, das sind solche versteckten Überraschungen in Spielen.

3 Ich frage mich, wer die Überraschungen „Easter Eggs" genannt hat.

Wie kann ich herausfinden, wie ich solche Überraschungen finde?

Seiten 181–182

2 b Mögliche Lösung:

Easter Eggs sind kleine Überraschungen auf Webseiten.

Das erste Osterei setzte Warren Robinett in einem Spiel ein.

Wenn man in einer großen Suchmaschine im Internet bestimmte Begriffe eingibt,

erwartet einen solch eine Überraschung.

3 4 Mögliche Lösung:

Unbekannte Wörter	Bedeutung
das Easter Egg	das Osterei, kleine Überraschung
die List	eine Täuschung
die Tastenkombination	bestimmte Aneinanderreihung von Befehlen auf der Tastatur
der Designer	jemand, der Produkte entwirft

5 a Mögliche Lösung:

Ich habe noch nicht gewusst, dass es solche versteckten Überraschungen im Internet gibt.

Ich finde es toll, dass ich vielleicht einmal auf so ein „Easter Egg" stoßen kann.

Es ist wirklich erstaunlich, dass der Programmierer Warren Robinett so eine lustige Idee hatte

und sie sich so weit verbreitet hat.

b Mögliche Lösung:

Sehen die Easter Eggs aus wie Ostereier?

Wie finde ich heraus, welche Tastenkombinationen zu den Überraschungen führen?

Wie viele Easter Eggs sind insgesamt in Spielen und auf Webseiten verteilt/versteckt?

6 Richtige Aussagen:

Der Text ist ein Sachtext, denn …

… er ist sachlich geschrieben.

… er enthält interessante Informationen.

… er hat das Ziel, über etwas zu informieren.

… er stammt vermutlich aus einer Computer-Zeitschrift.

Seite 184

2 1 Motten im Kleiderschrank und im Computerspiel

2 Echte Motte als erster Bug

3 Begriff „Bug" in der Computersprache

4 Gefährlichkeit von Bugs in Computern

5 Lavendel gegen echte Motten

Seite 185

3 ⟩ X In dem Text geht es um echte Motten und Fehler im Computer.
Absatz 1   X Das englische Wort Bug heißt übersetzt Motte.
Absatz 2   X 1947 hatte sich eine echte Motte in einen Computer verirrt.
Absatz 3   X In der Computersprache bezeichnet Bug einen Fehler im Computerprogramm.
Absatz 4   X Bugs können auf Webseiten großen Schaden anrichten.
Absatz 5   X Lavendel hilft gegen echte Motten im Kleiderschrank.

4 ⟩ Mögliche Lösung:
In dem Sachtext geht es um Motten und Fehler im Computer.
Im 1. Absatz erfährt man, dass Bug ein englisches Wort ist und übersetzt Motte heißt.
Im 2. Absatz wird berichtet, wie sich im Jahre 1947 eine echte Motte in einen Computer verirrt hat.
Anschließend steht im 3. Absatz, dass man einen Fehler im Computerprogramm Bug nennt.
Im 4. Absatz erfährt man, dass Bugs auf Webseiten großen Schaden anrichten können.
Am Ende des Textes, im 5. Absatz, steht, dass Lavendel gegen echte Motten im Kleiderschrank hilft.

Seite 187

1 ⟩ b X Nein, sorry, ich kenne dich ja noch gar nicht.
  c Mögliche Lösung:
  Es kann sein, dass jemand ganz anderes hinter dem Namen steckt und zum Beispiel nur vorgibt,
  ein Junge/Mädchen im selben Alter zu sein. Man kennt nicht die wahren Absichten der Person
  und weiß somit nicht, was die Person vorhat.

2 ⟩ Mögliche Lösung:
Meine echten Freunde kenne ich schon lange und weiß, woran ich bin.
Online-Freunde kenne ich nur über den Chat und habe sie noch nie persönlich getroffen.

3 ⟩ ~~das Aussehen~~ Folgende Informationen könnten entnommen werden.
Der Junge heißt Nils. Er ist im Jahr 2009 geboren und kommt aus Köln.

4 ⟩ Verratet nicht euren Nachnamen, Telefonnummer oder Adresse.
Trefft euch nicht mit unbekannten Personen aus dem Chat.
Auch im Chat darf man andere nicht beleidigen oder bedrohen.
Verschickt keine Bilder von euch an Fremde im Chat.

Seite 188

1 ⟩ b Mögliche Lösung:
Das Mädchen heißt Tonia Schmidt. Sie kommt aus Hamburg und macht gerne Urlaub auf Amrum.
Sie tanzt gerne und geht gern auf Konzerte. Sie hat ihren Hund und ihren Opa sehr gern.

Seite 189

1 ⟩ c Mögliche Lösung:
Auf mich wirkt Tonia sehr freundlich, weil sie auf den Bildern viel lächelt und sympathisch aussieht.
Ich denke, sie ist ein sportlicher Typ, weil Tanzen ihr Hobby ist.
Tonia ist ein aktiver und offener Typ, da sie gerne etwas mit Freunden und der Familie unternimmt.
Sie hat einen Hund. Daher schätze ich, dass sie tierlieb ist.

2 ⟩ a Tonia veröffentlich zu viele private Informationen. → Nachname, Adresse, Schule
Tonia lästert öffentlich über andere. → Bilder: Katze, Fisch
Tonia veröffentlicht Bilder, die andere Personen zeigen. → Bilder: Tanzgruppe, Opa, Freundin

b Man sollte nicht den Nachnamen, das Geburtsdatum und die Adresse angeben.
Man darf keine Bilder mit anderen Menschen hochladen, wenn diese das nicht erlauben/möchten.
Man sollte keine peinlichen Bilder von sich selbst veröffentlichen.
Man sollte seine Profilseite nicht mit fremden Menschen teilen.
Man sollte sich Hilfe holen, wenn man unangenehme Nachrichten bekommt.
Man sollte bei Lästereien nicht mitmachen und niemanden beleidigen.

11 Reisen durch Europa – Wörter und Sätze untersuchen

Seite 201

1 b Deutschland – England/Großbritannien
Frankreich – Spanien – Portugal – Italien
Polen – Rumänien – Bosnien und Herzegowina

Seite 202

1 a A/3, B/7, C/4, D/6, E/2, F/5, G/1

2 a das Nomen: Stadt, Einwohner, Mehl, Fische
das Adjektiv: grün, großen, hohe, nass, leckere
das Pronomen: sie, ihr
das Verb: bilden, spritzen, benutzen
b das Nomen/D, das Adjektiv/B, das Pronomen/C, das Verb/A

Seite 203

3 Volksfest: das Volk, das Fest
Menschentürme: die Menschen, die Türme
Fahrräder: fahren, die Räder

4 Lieben die Bewohner von Brüssel leckere Pommes und unterschiedliche Soßen?
Leckere Pommes und unterschiedliche Soßen lieben die Bewohner von Brüssel.

Seite 204

2 a, b

das Foto – die Fotos	die Hauptstadt – die Hauptstädte
der Brauch – die Bräuche	der Kopf – die Köpfe
die Tradition – die Traditionen	der König – die Könige

3 Lebewesen: der Freund, das Kind
Gegenstände: der Eimer, die Tafel
Zustände: das Vergnügen, der Lärm

Seite 205

4   A die Menschen, B den Tag, C den Kindern, D der Tradition, E der Länder

5   Mögliche Lösung:
Der Onkel spritzt den Jungen nass. Die Schüler spritzen die Dame nass.
Die Dame spritzt den Nachbarn nass. Die Tante spritzt den Herrn nass.
Das Mädchen spritzt den Freund nass.

Seite 206

1   belgische – berühmte – guten – alten – hungrige – knusprigen – kleinen – leckeren – würziger

2   a Mögliche Lösung:
Die Pommes in Bude 1 sind so lecker wie die Pommes in Bude 2.
Die Pommes in Bude 1 sind so teuer wie die Pommes in Bude 3.
     b Mögliche Lösung:
Die Pommes in Bude 2 sind billiger als die Pommes in Bude 3.
Die Pommes in Bude 3 sind größer als die Pommes in Bude 1.

Seite 207

2   A Amsterdam ist die Hauptstadt der Niederlande. Das Fahrrad ist für die Bewohner das wichtigste
Fahrzeug. Viele können sich den Alltag ohne Fahrrad gar nicht vorstellen. Das gilt auch für die
Schülerinnen und Schüler. Sie fahren jeden Morgen durch die alten Straßen der Stadt mit dem
Fahrrad zu ihrer Schule.
     B Eine Amsterdamer Schülerin berichtet: „Ich mag die vielen kleinen Kanäle hier. Einige gibt es
schon seit 400 Jahren. Nach der Schule radle ich oft an einem Kanal entlang zu meiner Oma.
Deshalb gehe ich selten ohne den Fahrradhelm aus dem Haus. Ich benutze das Rad auch bei
einem Regenschauer oder während der Ferien."
     C Die Schülerin empfiehlt: „Wenn ihr mal in unserer Stadt seid, solltet ihr eine Fahrradtour machen.
Beginnt die Tour am Hauptbahnhof und fahrt in die Altstadt. Auf den Kanälen und unter den
Brücken könnt ihr viele Boote sehen. Es gibt sogar einen Blumenmarkt auf dem Wasser. In den
hübschen Häusern sind oft kleine Läden. Und zwischen den Läden findet man gemütliche Cafés.
Setzt euch an einen Tisch vor einem Café, bestellt euch eine holländische Sirupwaffel und
beobachtet die Menschen auf der Straße."

Seite 208

2   A Die Kinder in Frankreich lieben den 1. April. Schon Tage vorher basteln ~~die Kinder~~ sie kleine Fische
aus Papier. Am 1. April versuchen ~~die Kinder~~ sie dann, die Papierfische Mitschülern oder Lehrern
unbemerkt an den Rücken zu heften. Wenn das geklappt hat, rufen ~~die Kinder~~ sie: „Poisson d'Avril!"
Das heißt auf Deutsch: „April-Fisch!"

3   B Ein Schüler aus einer Schule in Paris berichtet: „Im letzten April hat meine Klasse es geschafft,
unserer Lehrerin einen April-Fisch an ihren Rücken zu kleben. Eine Schülerin hat die Lehrerin gefragt,
ob sie an ihren Platz kommen kann. Als sich die Lehrerin über ihr Heft beugte, befestigte der Schüler
dahinter seinen Fisch an ihrer Jacke.
Die Lehrerin hat es erst in der Pause gemerkt, als sie ihre Jacke auszog."

1 ▶ A Bei Festen in Barcelona (geben) gibt es eine besondere Tradition:
Die Bewohner (bauen) bauen Menschentürme.
B Jede Gruppe (versuchen) versucht, den höchsten Turm zu bauen.
C Dabei (haben) hat jedes Gruppenmitglied eine eigene Aufgabe.
D Nach und nach (steigen) steigen einzelne Gruppenmitglieder nach oben.
E Zum Schluss (klettern) klettert ein Kind bis ganz nach oben.

2 ▶ a Am Feiertag des Heiligen Georg werde ich in einer Turmbau-Gruppe mitmachen.
In den nächsten Monaten werde ich dafür dreimal in der Woche trainieren.
Mein Vater und mein älterer Bruder werden auch teilnehmen.
b X über die Zukunft

3 ▶ C Dabei wird jedes Gruppenmitglied eine eigene Aufgabe haben.
D Nach und nach werden einzelne Gruppenmitglieder nach oben steigen.
E Zum Schluss wird ein Kind bis ganz nach oben klettern.

Seite 211

1 ▶ b X in der Vergangenheit

c hat erklärt – erklären   bin gegangen – gehen
habe beobachtet – beobachten   sind gelaufen – laufen
haben geschafft – schaffen   sind geklettert – klettern

2 ▶ A Die Sportler (üben) haben mehrere Male den Aufbau des Turms geübt.
B Der Trainer (erklären) hat jedem Mitglied seine Position erklärt.
C Die Kinder (tragen) haben Schutzhelme aus Schaumstoff getragen.
D Beim Abbau des Turms (fallen) sind zwei Sportler gefallen.
E Die anderen Sportler (auffangen) haben sie aufgefangen.

Seite 212

1 ▶ b im Präteritum
c, d

Präsens	Präteritum
ich feiere	ich feierte
du feierst	du feiertest
er (sie, es) feiert	er (sie, es) feierte
wir feiern	wir feierten
ihr feiert	ihr feiertet
sie feiern	sie feierten

2 ▶

	Infinitivform (Grundform)
baute	bauen
zitterten	zittern
streckte	strecken
zeigte	zeigen
spielten	spielen

3 A Beim Bau des dritten Stockwerks (wackeln) wackelte der Turm gefährlich.
B Alle Turmbauer (warten) warteten auf das Mädchen.
C Als das Mädchen zur Spitze (klettern) kletterte, war es ganz still auf dem Platz.

Seite 215

1 b

linkes Bild	rechtes Bild
die Pferdekutsche	die Strickmütze
die Menschenmenge	grasgrün
dunkelorange	das Armband
die Fahnenträger	die Spaßbrille
die Handschuhe	schneeweiß
	das Halstuch
	dunkelblond

c Mögliche Lösung:
die Pferdekutsche = das Pferd und die Kutsche
die Strickmütze = stricken und die Mütze
die Menschenmenge = die Menschen und die Menge
dunkelorange = dunkel und orange
das Armband = der Arm und das Band
die Handschuhe = die Hand und die Schuhe
die Spaßbrille = der Spaß und die Brille
die Uniformmütze = die Uniform und die Mütze

2 Mögliche Lösung:
der Schneeball, der Fußball, himmelblau, dunkelblau, der Schneeschuh, der Tanzschuh

Seite 222

1 b Auf der Rückseite des Umschlags stand die Adresse des Täters.
So konnte Detektiv Erdem den Täter leicht finden.

2 In der letzten Woche löste der Berliner Detektiv Erdem einen neuen Fall.
Einen neuen Fall löste der Berliner Detektiv Erdem in der letzten Woche.

3 a C Blitzschnell fand er den Täter.
D Für die Berliner Polizei ist er ein wichtiger Helfer.

Seite 223

1 b Mögliche Lösung:
Vielleicht hat die Katze etwas damit zu tun.
Vielleicht ist sie aus dem Fenster gesprungen und dabei ist die Vase zerbrochen.

2 a Die Katze gehört mir. – Wer oder was gehört mir?   die Katze
Sie heißt Wilma. Wer oder was heißt Wilma?   sie
Eben hat Wilma noch dort geschlafen. Wer oder was hat eben noch dort geschlafen?   Wilma
Dann hörte ich dieses laute Geräusch. Wer oder was hörte dann dieses laute Geräusch?   ich

b Ich habe in der Küche aufgeräumt.

Plötzlich habe ich ein lautes Miau und ein Scheppern gehört.

Ich bin sofort in das Wohnzimmer gerannt.

Zum Glück hat der Einbrecher nichts gestohlen.

Wahrscheinlich ist er aus dem Fenster geflüchtet.

Seite 229

2 **a, b**

A In Spandau findet das große Frühlingsfest statt und ich bin natürlich dabei.

B Die Leute freuen sich auf mein Riesenrad, denn wir bieten einen neuen Looping.

C Normalerweise mache ich gute Geschäfte, doch dieses Jahr habe ich ein Problem.

D Ich bin verzweifelt, denn jemand bezahlt mit Falschgeld.

Seite 230

1 **c, d** Hinweise: **Hauptsätze**, Nebensätze, Konjunktionen, Kommas, Prädikate

B **Plötzlich fallen ihm zwei Bekannte auf** , weil sie beim Bezahlen unsicher wirken.

C **Der Detektiv überführt die zwei jungen Männer** , als sie mit zwei falschen Geldscheinen bezahlen.

D **Die anderen Verkäufer fielen auf die falschen Geldscheine herein** , obwohl die Scheine nicht von Profis gemacht waren.

12 Rechtschreiben erforschen – Strategien und Regeln

Seite 241

1 **b**

schwingen	verlängern	zerlegen	ableiten	merken	Nomen erkennen

Seite 242

1 **a, b** 1 der Ho lun der, 2 die Ba na ne, 3 die Kir sche, 4 die Man da ri ne, 5 die Pam pel mu se

2 Mögliche Lösung:

die Banane + die Schale = die Bananenschale

die Aprikose + der Baum = der Aprikosenbaum

die Kirsche + die Blüte = die Kirschblüte

die Mandarine + die Schale = die Mandarinenschale

der Holunder + der Saft = der Holundersaft

die Pampelmuse + die Schale = die Pampelmusenschale

Seite 243

4 b, c Mögliche Lösung:

die Zi tro nen li mo na de, der Pam pel mu sen saft, der To ma ten sa lat, der Kar tof fel sa lat,

die Pa pri ka scho ten, die Man go schei ben, die Sau er kirsch mar me la de, der Scho ko la den ku chen

5 a kosten, reiten, legen, tragen, zeigen, treiben, trinken, bluten, binden,

denken, helfen, tanzen, schreiben, zaubern

Seite 244

1 b, c schwim men, schrei ben, schla gen, schmel zen, schrei en, die Schlan ge, die Schwal be,

spre chen, ste chen, stei gen, strei ten, spei sen, die Sta re, der Sper ber

3 a, b quaken, quatschen, quasseln, quetschen, qualmen

(die) Quelle, (das) Quadrat, (der) Qualm, (die) Qualle, (der) Quark

Seite 245

1 a Die Wörter, die auf „d" enden, werden wie „t" gesprochen.

Die Wörter, die auf „g" enden, werden wie „k" gesprochen.

c, d der Wind – die Winde, der Berg – die Berge, der Dieb – die Diebe, das Land – die Länder,

der Zwerg – die Zwerge, das Kind – die Kinder, das Sieb – die Siebe, die Wand – die Wände

2 b, c, d der Hund → die Hunde, das Hemd → die Hemden, der Zug → die Züge, der Wald → die Wälder

er saugt → wir saugen, er biegt → wir biegen, er zog – wir zogen, er bog – wir bogen

grob → gröber als, stark → stärker als, klug → klüger als

Seite 246

1 b der Re gen, der Win ter, der Ha gel, we gen, son dern, da bei

c der Abend, gesund, der Urlaub, der Bussard, der Leopard, der Betrug

d der Abend → die Abende, gesund → gesünder als, der Bussard → die Bussarde,

der Leopard → die Leoparden, der Betrug → die Betrüger

2 b wiegt – wir wiegen, hungrig – hungriger als, kugelig – kugeliger als, trägt – wir tragen,

wichtig – wichtiger als

Seite 250

1 a **e oder ä:** der Trecker – der Bäcker, er bellt – er hält, kennen – kämmen, letzter – Plätze

eu oder äu: heute – die Häute, die Leute – läuten, die Meute – die Mäuse, feurig – säuerlich

b der Trecker, er bellt, kennen, letzter: denn es gibt kein verwandtes Wort mit a

der Bäcker, denn das Wort ist verwandt mit backen

er hält, denn das Wort ist verwandt mit halten

kämmen, denn das Wort ist verwandt mit Kamm

Plätze, denn das Wort ist verwandt mit Platz

heute, die Leute, die Meute, feurig: denn es gibt kein verwandtes Wort mit au

die Häute, denn das Wort ist verwandt mit Haut

läuten, denn das Wort ist verwandt mit Laut

die Mäuse, denn das Wort ist verwandt mit Maus

säuerlich, denn das Wort ist verwandt mit sauer

2 die Bäume – der Baum, die Zäune – der Zaun, die Länder – das Land, die Läuse – die Laus, die Wände – die Wand, die Hände – die Hand, zählen – die Zahl, wählen – die Wahl

3 die Wahl, häuslich, das Haus, der Haushalt, wählen, die Häuser, wählerisch, die Wählerschaft, die Wohnhäuser, der Wähler, der Häuserblock, die Wahlnacht, hausen, wählbar, der Hausmann, die Ferienhäuser, wahlberechtigt, gewählt

4 die Mäuse – die Läuse, die Hände – die Wände, die Träume – die Bäume, zählen – wählen

Seite 252

1

männlich	sächlich	weiblich
der Sommer	das Auto	die Arbeit
der Winter	das Kaninchen	die Freude
der Schnee	das Kino	die Polizei
der Fuchs	das Gemüse	die Karotte
der Wagen	das Licht	die Pflanze

2 **a, b** Hinweise: Artikel (Begleiter), Zahlwörter, Adjektive (Wiewörter)

Viele Tiere hinter dem Haus

Zehn Spatzen finden leckere Körner für die kleinen Spatzenkinder.
Die munteren Vögel schaukeln auf den Ästen und pfeifen dabei.
Putzige Eichhörnchen klettern in das warme Nest und überstehen so den kalten Winter.
Drei Eichkatzen wohnen bei uns in einer hohen Tanne.

Seite 256

1 b, c, d

der Feu er sa la man der 6 • die Gi raf fen bei ne 5 •

das Kro ko dil 3 • der Blü ten bo den 4 •

die Klap per schlan ge 4 • der Mäu se bus sard 4

2 b kau fen, hal ten, le ben, brem sen, ho len, trin ken, die Ber ge, die Trä ne, die Sor te, der Re gen

c, d

erste Silbe offen	erste Silbe geschlossen
kau fen	hal ten
le ben	brem sen
ho len	trin ken
die Trä ne	die Ber ge
der Re gen	die Sor te

3 b

erste Silbe offen	erste Silbe geschlossen
wa rum	har ten
der Bo den	die Del le
	die Hül le
	der Gum mi

30

Seite 257

1 b beten – die Betten, der Reiter – der Ritter, die Blume – der Bummel
die Pfeife – die Pfiffe, die Hüte – die Hütte, der Besen – besser

c, d

erste Silbe offen	erste Silbe geschlossen
be ten	die Bet ten
der Rei ter	die Rit ter
die Blu me	der Bum mel
die Pfei fe	die Pfif fe
die Hü te	die Hüt te
der Be sen	bes ser

3 a, b

Wörter mit zwei gleichen Konsonanten (Mitlauten)	Wörter mit zwei unterschiedlichen Konsonanten (Mitlauten)
der Him mel	der Mor gen
die Hum mel	der Win ter
pen nen	die Ster ne
im mer	die En te
	hal ten
	brem sen

c Mögliche Lösung:

Wörter mit zwei gleichen Konsonanten (Mitlauten)	Wörter mit zwei unterschiedlichen Konsonanten (Mitlauten)
die Hummeln	andere
schneller	die Kälte
besser	der Körper

Seite 259

2 b, 3

erste Silbe offen	erste Silbe geschlossen	
	zwei gleiche Konsonanten (Mitlaute)	zwei verschiedene Konsonanten (Mitlaute)
spuken	gucken	die Gurke
der Haken	die Hacke	die Harke
der Ekel	die Ecke	der Erker

4 b, c

er hetzt – er petzt	wir hetzen – wir petzen
er nutzt – er putzt	wir nutzen – wir putzen
sie pflanzt – sie tanzt	wir pflanzen – wir tanzen
der Blitz – der Witz	die Blitze – die Witze
er sitzt – er schwitzt	wir sitzen – wir schwitzen
die Katze – die Tatze	die Katzen – die Tatzen

Seite 260

1 **b, c, d** Hinweis: <u>offene Silbe</u>, (geschlossene Silbe)

Wörter mit ie – langer i-Laut: sie gen, bie ten, die Wie sen, der Rie se

Wörter mit i – kurzer i-Laut: sin gen, bit ten, wis sen, die Ris se

2 **a, b, c, d**

der Griff – die Grif fe, das Spiel – die Spie le, der Brief – die Brie fe, das Ziel – die Zie le,

das Kind – die Kin der, es blinkt – blin ken, er spielt – spiel ten, er winkt – win ken, sie fliegt – flie gen,

sie bringt – brin gen

Seite 261

1 **b** X **A** Man spricht die **s**-Laute im Einsilber in allen Wortkästen gleich aus.

2 **a, b**

Wörter mit s	Wörter mit Doppel-s	Wörter mit ß
das Glas – die Gläser	der Kuss – die Küsse	der Spaß – die Späße
das Gleis – die Gleise	der Pass – die Pässe	der Gruß – die Grüße
das Gras – die Gräser	der Riss – die Risse	der Kloß – die Klöße
der Kreis – die Kreise	das Fass – die Fässer	der Fuß – die Füße

3 messen → das Messgerät, die Pässe → die Passkontrolle, gießen → die Gießkanne,

reißen → der Reißverschluss, vergessen → vergesslich

Seite 262

1 **b** ihr steht – wir ste hen, der Schuh – die Schu he, das Reh – die Re he, der Floh – die Flö he,

sie blüht – blü hen, es geht – ge hen, ihr seht – se hen, der Zeh – die Ze he

2 **b, c, d** der Sohn – die Söh ne, die Zahl – die Zah len, der Zahn – die Zäh ne, der Hahn – die Häh ne,

kühl – küh ler, der Lohn – die Löh ne, die Wahl – die Wah len

3 **a, b** bezahlen, die Zahl, gezahlt, die Zahlung

abkühlen, gekühlt, die Kühlbox, auskühlen, kühlen

die Wahlurne, das Wahllokal, gewählt, wählerisch

Seite 263

1 **b, c** bevor, davon, die Kurve, der November, der Pullover, die Vase, der Vater, der Vogel, das Volk, voll,

vom, von, vorn, das Vieh, viel, vier, vielleicht

2 Mögliche Lösung:

verschlafen, versorgen, sich verspäten, die Verspätung, verspotten

vorlaut, vorgestern, der Vorfall, die Vorgeschichte, vorlesen

3 **b** sechs • wechseln • der Luchs • der Dachs • der Fuchs

boxen • das Taxi • der Luxus • die Hexe • der Text

links • der Keks

Seite 264

1 **b, c** Auf dieser Seite stehen die folgenden Nomen:

der Verstand, die Versöhnung, das Versprechen, die Verspätung.

Deutschbuch

Differenzierende Ausgabe

6

Lern- und Arbeitsheft

für Lernende mit erhöhtem Förderbedarf
im inklusiven Unterricht

Herausgegeben von
Markus Langner

Erarbeitet von
Angela Brabender, Birgit Ellwart,
Jana Ertel, Gabriele Klaßmann,
Walter Pingl und Margarete Westermeier

Name: _____

Klasse: _____

Deutschbuch

Differenzierende Ausgabe
Lern- und Arbeitsheft 6
für Lernende mit erhöhtem Förderbedarf
im inklusiven Unterricht

Das Lern- und Arbeitsheft wurde erarbeitet auf der Grundlage der Ausgabe von Markus Langner, Andrea Wagener, Julie Chatzistamatiou, Friedrich Dick, Anna Ulrike Franken, Agnes Fulde, Hans-Joachim Gauggel, Daniela Giesler, Anne Charlotte Gornik, Ruth Malaka, Christoph Mann, Arnhild Nachreiner, Mechthild Stüber, Carolin Wemhoff-Weinand, Christin Wiebusch.

Zu diesem Lern- und Arbeitsheft gibt es ein passendes **Schülerbuch** (ISBN 978-3-06-063401-9).

Redaktion: Jana Görbing, Berlin

Illustrationen:
Carlos Borrell Eiköter, Berlin: S. 201 (Europa-Karte)
Vera Brüggemann, Bielefeld: S. 14–15, 180
Nils Fliegner, Hamburg: S. 241–244, 250
Christiane Grauert, Milwaukee (Wisconsin)/USA: S. 49–52, 54–55, 60
Sylvia Graupner, Annaberg: S. 143–147, 149
Barbara Jung, Frankfurt a. M.: S. 206, 222–223, 287
Markus Lefrançois, Kassel: S. 105–108, 110, 113, 114–115
Matthias Pflügner, Berlin: S. 161–162, 167, 171
Ulrike Selders, Köln: S. 152, 261
Rüdiger Trebels, Düsseldorf: S. 31–32, 34, 68–69, 71, 78–79
Sulu Trüstedt, Berlin: S. 85–92, 97–98, 125–132, 136

Umschlaggestaltung: Corinna Babylon und Jule Kienecker (Berlin) unter Verwendung folgender Fotos:
Shutterstock/Zhou Eka (Mädchen), Shutterstock/LMproduction (Turnschuhe), Shutterstock/DG-Foto (Ampelkreuzung), Shutterstock/Levchenko (Kopfhörer), Shutterstock/Home Art (Skateboard), Shutterstock/Stefan Pedru Andron (Kaninchen)
Layoutkonzept und technische Umsetzung: werkstatt für gebrauchsgrafik, Berlin

www.cornelsen.de

Die Webseiten Dritter, deren Internetadressen in diesem Lehrwerk angegeben sind, wurden vor Drucklegung sorgfältig geprüft. Der Verlag übernimmt keine Gewähr für die Aktualität und den Inhalt dieser Seiten oder solcher, die mit ihnen verlinkt sind.

Soweit in diesem Lehrwerk Personen fotografisch abgebildet sind und ihnen von der Redaktion fiktive Namen, Berufe, Dialoge und Ähnliches zugeordnet oder diese Personen in bestimmte Kontexte gesetzt werden, dienen diese Zuordnungen und Darstellungen ausschließlich der Veranschaulichung und dem besseren Verständnis des Inhalts.

Dieses Werk berücksichtigt die Regeln der reformierten Rechtschreibung und Zeichensetzung.
Bei den mit R gekennzeichneten Texten haben die Rechteinhaber einer Anpassung widersprochen.
Die mit V gekennzeichneten Texte wurden aus didaktischen Gründen gekürzt und/oder verändert.

1. Auflage, 1. Druck 2021

Alle Drucke dieser Auflage sind inhaltlich unverändert und können im Unterricht nebeneinander verwendet werden.

© 2021 Cornelsen Verlag GmbH, Berlin

Druck: H. Heenemann, Berlin

ISBN 978-3-06-063458-3

PEFC zertifiziert
Dieses Produkt stammt aus nachhaltig bewirtschafteten Wäldern und kontrollierten Quellen.
www.pefc.de
PEFC/04-31-1156

Inhaltsverzeichnis

Zum Nachschlagen –
Orientierungswissen

287

1 Hier ist was los! –
Über Ereignisse informieren

👁 **1** **a** Seht euch das Bild an.
💬   **b** Was seht ihr auf dem Bild? Erzählt.

> Auf dem Bild sehe ich …

> Auf dem Bild ist/sind …

eine Laufstrecke •
eine Linie •
ein/einen Sportplatz •
eine Schülerin •
vier Schüler •
eine Startposition

💬 **2**   Was wisst ihr über Sportfeste? Erzählt darüber.
       – Was kann man auf einem Sportfest machen?
       – Wer macht bei einem Sportfest mit?

💬 **3** **a** Wo kann man etwas über ein Sportfest lesen oder hören? Erzählt.

       der Zeitungsbericht • die Webseite • das Plakat • die Radiodurchsage

    b Wer soll über ein Sportfest informiert werden? Erzählt.

       die Eltern • die Großeltern • die Dorfbewohner • die Schulgemeinschaft

1 a Seht euch das Bild an.
b Beschreibt das Bild einer Partnerin oder einem Partner.

> der Sportplatz • der Basketball • der Ausdauerlauf •
> der Fußball • der Bubble-Fußball • die Slackline •
> die Kletterwand • das Trampolin • das Weitspringen

> springen • hüpfen • balancieren •
> spielen • klettern • laufen •
> schimpfen • schubsen • spritzen

> Auf dem Bild sehe ich …

> An den Stationen können die Kinder …

2 a Lest euch die Fragen und die Antworten durch.
b Verbindet jeweils die Frage mit der richtigen Antwort.

A Was machen die Schüler bei der Schulolympiade?

B Wann findet die Schulolympiade statt?

C Wie heißt die Schule?

D Wo findet die Schulolympiade statt?

1 Die Schule heißt „Geschwister-Scholl-Schule".

2 Bei einer Schulolympiade können die Schüler zum Beispiel Trampolin springen, Basketball spielen oder an einer Kletterwand klettern.

3 Die Schulolympiade findet im Mühlenweg statt.

4 Die Schulolympiade findet am Mittwoch, den 07.09. um 9:10 Uhr statt.

14

A Das Klettern an der Kletterwand war **megacool!** Alle wollten das unbedingt probieren, es gab **voll den Stau** dort.

B Die Schülerinnen und Schüler probierten bekannte Sportarten wie Weitsprung oder Ausdauerlauf aus. Sie testeten aber auch ungewöhnliche Sportarten wie Bubble-Fußball.

C Die Schulolympiade fand auf dem Sportplatz statt.

D Am Anfang hatte ich **echt Schiss,** dass ich von dieser Slackline falle.

E Für die Schulolympiade wurden zwei Trampoline aufgebaut.

Mittwoch, 7. September
Schulolympiade
Geschwister-Scholl-Schule

Mühlenweg

3 **a** Lest die Aussagen A bis E.
b Die Aussagen in den blauen Kästen (B, C und E) sind sachlich formuliert.
Die Aussagen in den lila Kästen (A und D) sind unsachlich. Woran merkt man das?
Sprecht darüber.
Tipp: Lest die fett gedruckten **Wörter** in den lila Kästen (A und D).

> Die Aussagen in den lila Kästen haben Wörter wie …

4 Für wen werden Berichte geschrieben?
Wo findet man überall Berichte?
Schreibe drei Sätze in dein Heft.

Ein Bericht über ▊**1**▊ wird für ▊**2**▊ geschrieben.
Man kann darüber ▊**3**▊ lesen.

Auswahl 1:
ein Fußballspiel •
die Weihnachtsfeier •
einen Polizeieinsatz im Bahnhof

Auswahl 2:
Fans und Vereinsmitglieder •
die Schülerinnen und Schüler •
die Eltern, Lehrerinnen und Lehrer einer Schule • die Polizei

Auswahl 3:
auf der Webseite des Fußballvereins •
auf der Schulwebseite •
auf einem Formular

Beispiel:
Ein Bericht über <u>einen Diebstahl</u> wird für <u>die Bewohner der Stadt</u> geschrieben.
Man kann darüber <u>in der Zeitung</u> lesen.

Berichte verfassen

Einen Bericht untersuchen

 **1** Lest euch den Bericht über das Sportfest abwechselnd vor.

Bericht über das Schulsportfest am 15.09.

Am Donnerstag, den 15.09., fand das **Sportfest der Erich-Fried-Schule auf dem Sportplatz** statt. An dem Sportfest nahmen mehr als **400 Schülerinnen und Schüler der Klassen 5 bis 8** teil. Es gab zehn Stationen, zum Beispiel: Weitsprung, Ausdauerlauf, Kugelstoßen, Sprint und Weitwurf.

> **W-Fragen:**
> **Wann** fand es statt?
> **Was** fand statt?
> **Wo** fand es statt?
> **Wer** war dabei?

Zuerst versammelten sich alle Schülerinnen und Schüler auf dem Sportplatz. Danach stellten die Sportlehrerinnen und Sportlehrer den Tagesablauf vor. Dann teilten sich die Klassen auf die einzelnen Stationen auf. Nach jeder Station wechselten die Klassen an eine neue Station. So durchlief jede Klasse alle zehn Stationen.

> **Wie** lief es ab?

Am Ende des Sportfests **erhielten alle Teilnehmerinnen und Teilnehmer eine Urkunde.** Die **meisten Punkte erzielte die Klasse 6c.** Die Schulleiterin, Frau Ehmsen, überreichte der Klasse **den Pokal und eine Eistorte.**

> **Welche** Folgen? (Was haben die Schülerinnen und Schüler bekommen?)

2 Die blau gedruckten Wörter in dem Bericht zeigen die zeitliche Reihenfolge an. Schreibe sie in dein Heft.

3 a Lest euch die W-Fragen am Rand durch. Beantwortet die Fragen.
Tipp: Die Informationen sind fett gedruckt.
b Schreibt nun die Informationen in einen Schreibplan in euer Heft.

Einleitung
Was?   Sportfest der Erich-Fried-Schule
Wann?
Wo?
Wer?

Hauptteil
Wie lief es ab?

Schluss
Welche Folgen?

> Ein **Bericht** informiert **knapp und genau** über ein **Ereignis.** Ein Bericht enthält Angaben zu **Ort, Zeit** und den **beteiligten Personen.**

Einen Bericht über ein Bubble-Fußballturnier schreiben

 1   Lies den Schreibplan über ein Bubble-Fußballturnier.

Schreibplan

Einleitung
Was?   Sommerfest an der Rosa-Parks-Schule,
           Bubble-Fußballturnier
Wann?   Freitag, den 18.06., von 14:00 bis 16:00 Uhr
Wo?   auf dem Sportplatz neben der Schule
Wer?   fünf Lehrerteams gegen fünf Schülerteams

Hauptteil
Wie lief es ab? Die acht Spieler zogen ihre durchsichtigen, luftgefüllten
Blasen an. Die Schulleiterin (Frau Can) gab den Anpfiff.
Jedes Spiel dauerte acht Minuten. Es gab fünf Spiele.

Schluss
Welche Folgen? Dreimal gewann das Schülerteam. Zweimal gewann das
Lehrerteam. Die Schulleiterin überreichte die Medaillen.
Alle wünschen sich eine Wiederholung beim nächsten Sommerfest.

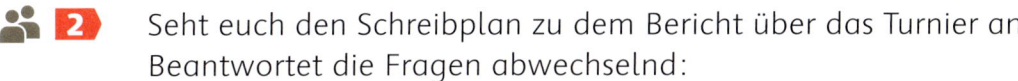 **2**   Seht euch den Schreibplan zu dem Bericht über das Turnier an.
Beantwortet die Fragen abwechselnd:

1 Wo hat das Sommerfest stattgefunden?
2 Wann hat es stattgefunden?
3 Wer hat teilgenommen?
4 Wie ist das Turnier abgelaufen?
5 Wer hat gewonnen?

 **3**   Schreibe nun einen Bericht in dein Heft. Nimm den Schreibplan zur Hilfe.
Einleitung:
Beim Sommerfest der Rosa-Parks-Schule am (Wann?) fand (Was?) (Wo?) statt.
Hauptteil:
Zuerst zogen die acht Spieler …
Danach gab die Schulleiterin …
Insgesamt gab es … Spiele.
Jedes Spiel dauerte … Minuten.
Schluss:
Am Ende gewann das Schülerteam …
Zum Schluss übergab …

Einen Unfallbericht verfassen

Bei der Schulolympiade an der Anne-Frank-Schule ist ein Unfall passiert.
Zwei Schüler erzählen darüber.

  a Lies die Aussagen von Max und Timon.

Max: Beim Regen waren Timon und ich allein an der Kletterwand.
Ich bin ziemlich schnell die Kletterwand hochgeklettert. Timon hat
mich gesichert. Er hat das Seil aber nicht straff gehalten. Ich bin auf
den feuchten Klettersteinen abgerutscht und auf meinen linken Arm
gefallen. Das tat sehr weh. Mein Sportlehrer hat gesagt, dass mein
Arm vielleicht gebrochen ist. Ich muss jetzt zum Arzt.

Timon: Max ist ganz schnell hochgeklettert. Das hat er zum ersten
Mal gemacht. Ich kann sichern, weil ich mal einen Kletterkurs
gemacht habe. Als er ganz oben war, ist er abgerutscht. Ich konnte
das Seil nicht mehr halten. Dabei habe ich mir ein bisschen die Haut
abgeschürft. Max ist auf den Boden gefallen und hat laut geschrien,
dass sein Arm wehtut. Ich habe dann schnell unseren Sportlehrer
geholt.

b Was ist passiert? Erzählt es euch gegenseitig.
c Beantworte die W-Fragen zu dem Unfall.
Verbinde die Fragen mit den passenden Antworten.

Was ist passiert?	bei der Schulolympiade an der Anne-Frank-Schule, an der Kletterwand
Wann ist es passiert?	nach dem Regen
Wo ist es passiert?	Ein Schüler ist von der Kletterwand abgerutscht und hat sich am Arm verletzt.
Wer war daran beteiligt?	zwei Schüler: Max und Timon

 **2** In einem Unfallbericht werden alle wichtigen Informationen
zu einem Unfall aufgeschrieben.
Warum wird ein Unfallbericht geschrieben?
Was vermutet ihr?

der Ablauf • die Schuld • die Arztkosten

3 Suche die wichtigen Informationen aus den Aussagen von Max heraus.
Verbinde die W-Fragen mit den richtigen Informationen.

Wie ist der Unfall passiert?	Max ist auf den feuchten Klettersteinen abgerutscht und runtergefallen.
Warum ist der Unfall passiert?	Max ist auf seinen Arm gefallen. Der Arm tut ihm sehr weh. Er muss damit zum Arzt.
Welche Folgen hatte der Unfall?	Max und Timon kletterten beim Regen allein an der Kletterwand.

4 a Sieh dir den Ausschnitt aus einem Unfallbericht an.

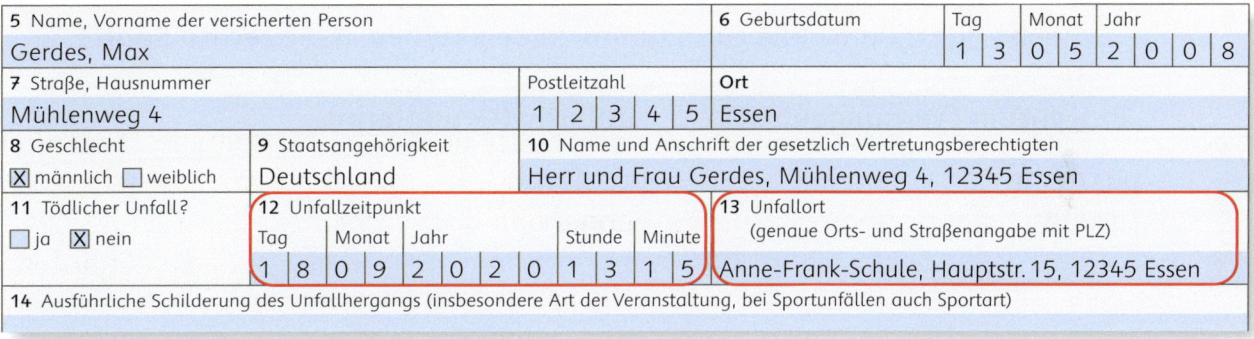

5 Name, Vorname der versicherten Person						6 Geburtsdatum		Tag		Monat		Jahr		
Gerdes, Max								1	3	0	5	2	0 0 8	

7 Straße, Hausnummer					Postleitzahl				Ort	
Mühlenweg 4					1	2	3	4 5	Essen	

8 Geschlecht	9 Staatsangehörigkeit	10 Name und Anschrift der gesetzlich Vertretungsberechtigten
[X] männlich [ ] weiblich	Deutschland	Herr und Frau Gerdes, Mühlenweg 4, 12345 Essen

11 Tödlicher Unfall?	12 Unfallzeitpunkt						13 Unfallort (genaue Orts- und Straßenangabe mit PLZ)
[ ] ja [X] nein	Tag	Monat	Jahr		Stunde	Minute	
	1 8	0 9	2 0 2 0		1 3	1 5	Anne-Frank-Schule, Hauptstr. 15, 12345 Essen

14 Ausführliche Schilderung des Unfallhergangs (insbesondere Art der Veranstaltung, bei Sportunfällen auch Sportart)

b Beantwortet die beiden Fragen.
  A Wann ist der Unfall von Max passiert? (Datum)
  B Wo ist der Unfall von Max passiert? (Ort)

c Bringe die Sätze in die richtige Reihenfolge. Trage die Ziffern in die Kästchen ein.

[ ] Dort angekommen, wurde Max von Timon mit einem Seil gesichert. Timon hatte dafür einen Kurs gemacht.

[ ] Dann rutschte Max von den Klettersteinen ab.

[1] Zunächst ging Max mit seinem Mitschüler Timon während der Schulolympiade zum Klettergerüst.

[ ] Timon konnte ihn nicht mehr sichern und verletzte sich leicht am Arm.

[ ] Daraufhin kletterte Max die Kletterwand hoch.

[ ] Max hatte große Schmerzen.

[ ] Zum Schluss lief Timon los und holte den Sportlehrer.

[ ] Max fiel auf den Boden und verletzte sich an seinem Arm.

d Schreibe die Sätze in der richtigen Reihenfolge in dein Heft.

Das Präteritum in Berichten verwenden

1 **a** Lies den Unfallbericht.

1 Der Unfall **passierte** am 27.10. gegen 11:20 Uhr bei dem
2 Schwimmausflug der Klasse 6a in das Schwimmbad „Aquafun".
3 Eine Schülerin **rannte** barfuß am Beckenrand entlang. Sie **folgte**
4 ihren Mitschülerinnen, die bereits im Wasser waren.
5 Dabei **rutschte** sie aus und **schlug** mit der Stirn auf den Beckenrand.
6 Anschließend **blutete** sie stark. Ihre Mitschülerinnen **riefen** die
7 Bademeisterin, die die Wunde sofort **versorgte.**

b Die **fett gedruckten** Wörter sind Verben.
Sie stehen im Präteritum (Vergangenheit).
– Zeichne eine Tabelle in dein Heft.
– Schreibe die Verben untereinander in die **linke Spalte** der Tabelle.
– Schreibe den Infinitiv (die Grundform) zu den Verben in die **rechte Spalte.**

Präteritum (Vergangenheit)	Infinitiv (Grundform)
passierte	passieren
rannte	rennen
…	…

2 Schreibe den Bericht in dein Heft.
Die Verben müssen im Präteritum (Vergangenheit) stehen.
Schreibe sie richtig auf.

1 Der Unfall (ereignen) sich am 19.02. in der zweiten Hofpause
2 auf dem Pausenhof. Der Schüler (schaukeln) und (springen) von
3 der schwingenden Schaukel. Als er auf dem Boden (aufkommen),
4 (verstauchen) er sich den rechten Fuß. Er (rufen) seinen Freund,
5 der gerade in der Nähe (spielen). Der Freund (helfen) dem
6 verletzten Schüler beim Aufstehen und (stützen) ihn.
7 Gemeinsam (gehen) sie zu der Pausenaufsicht und (melden)
8 den Unfall.

> gingen • schaukelte • stützte • verstauchte • rief • sprang • spielte •
> half • ereignete • meldeten • aufkam

3 Ordne den Grundformen die richtige Verbform im Präteritum (Vergangenheit) zu.
Markiere sie in derselben Farbe.

> beginnen • bleiben • bringen • fallen • fangen • finden • geben •
> greifen • helfen • liegen • lagen • blieben • brachten • begannen •
> fielen • fingen • griffen • fanden • gaben • halfen

Zeitungsberichte untersuchen

Zwei Zeitungsberichte zu einem Thema vergleichen

1 **a** Sieh dir das Bild und die Überschrift an.
b Worum könnte es in dem Zeitungsbericht gehen?
Sprecht darüber.

> Ich vermute, in dem Zeitungsbericht geht es um …

2 **a** Lies den Text.

Kinderjury schaute 26 Filme

1 Oberhausen. Bei den Kurzfilmtagen im Oktober in der Stadt
2 Oberhausen sahen sich die Schüler Ayman, Lennart, Fiona, Ben
3 und Anna 26 Kurzfilme aus 24 Ländern an und bewerteten sie.
4 […] Bei der Bewertung der Filme mussten die Schülerinnen und
5 Schüler die Leistung der Schauspielerinnen und Schauspieler und
6 die Kameraführung einschätzen. Am Ende durften sie bestimmen,
7 welche Filmemacher die zwei Preise und die lobende Erwähnung
8 der Kinderjury bekommen sollten. Für ihre Arbeit in der Kinderjury
9 bekamen die fünf Schülerinnen und Schüler extra schulfrei. [V]

b Schreibe die Antworten zu den Fragen auf.
Mache Stichpunkte oder ergänze die Satzanfänge.
Schreibe in dein Heft.

1 Was?	die Kurzfilmtage
2 Wann?	…
3 Wo?	…
4 Wer?	…

5 Warum? Im Rahmen der Kurzfilmtage durfte eine Kinderjury …

6 Wie lief es ab? Die Kinderjury schaute sich die Filme an und …
Außerdem bestimmten die Kinder aus der Jury, wer …
Dafür bekamen sie …

3 **a** Wovon handelt der Zeitungsbericht? Verbinde die Sätze richtig.

In dem Zeitungsbericht geht es um eine Kinderjury, die …	fünf Schülerinnen und Schülern.
Die Kinderjury bestand aus …	vergaben zwei Preise.
Die Kinder bewerteten die Filme und …	26 Kurzfilme aus 24 Ländern bewertete.

b Schreibe die Sätze in dein Heft.

 4 **a** Lies den Zeitungsbericht.

Mirco Overländer

Junge Filmfans haben die Wahl

1 Frankfurt. Leo Fischer ist zwar gerade einmal 12 Jahre alt.   Wo? Wer?

2 Aber was einen guten Film ausmacht, das weiß er bereits. […]

3 Er hat sich für die LUCAS-Jury beworben.   Wer?

4 In dieser Jury sollen vier Kinder darüber abstimmen, welche

5 Filmproduktion in diesem Jahr den beliebten Kinder- und   Was?

6 Jugendfilmpreis des Deutschen Filmmuseums erhalten soll.

7 Acht Filme gehen beim internationalen Kinderfilmfestival   Wo?

8 LUCAS in Leos Altersklasse an den Start. Insgesamt werden

9 auf dem Festival knapp 60 Filme aus 24 Ländern gezeigt. […]

10 Dass Leo das Zeug zum Filmexperten hat, steht außer Frage.

11 Er hat selbst schon einige Trickfilme produziert. […]

12 Wenn der Junge nicht gerade hinter der Kamera steht, schaut

13 er selbst gern Filme. Er bewertet diese Filme danach, ob ihm   Wie lief es ab?

14 die Geschichte insgesamt gefallen hat. Wichtig ist Leo auch,

15 dass der Film wirklich für Kinder gemacht wurde. ☑

 **b** Was bedeuten die Textstellen? Verbinde.

A „Acht Filme gehen beim internationalen Kinderfilmfestival LUCAS in Leos Altersklasse an den Start." (Zeilen 7–8)

B „Dass Leo das Zeug zum Filmexperten hat, steht außer Frage." (Zeile 10)

1 Leo kennt sich gut mit Filmen aus. Er weiß viel darüber und kann sie gut bewerten.

2 Acht Filme wurden für das Kinderfilmfestival ausgesucht. Die Filme sind geeignet für zwölfjährige Kinder.

5 Vergleiche die beiden Zeitungsberichte auf den Seiten 24 und 25 miteinander. Markiere die Begriffe im Kasten mit den entsprechenden Farben.

blau = kommt in beiden Artikeln vor
gelb = kommt nur in Artikel 1 vor
grün = kommt nur in Artikel 2 vor

Kinderjury • Bewertung von Filmen • Filmfestival • Kurzfilmtage •
Bewertung nach Leistung der Schauspielerinnen und Schauspieler •
Bewertung der Geschichte der Filme • 26 Kurzfilme aus 24 Ländern •
8 Filme • Preise

2 Mit Tieren leben –
Argumentieren und andere überzeugen

💬 **1** Eine Katze als Geburtstagsgeschenk?
Was unterscheidet ein Tier von anderen Geschenken?
Sprecht darüber.

> Der Unterschied zwischen einem Tier und einem anderen Geschenk ist, …

> Lebewesen • Verantwortung • man muss sich kümmern

💬 **2** Habt ihr ein Haustier?
Wünscht ihr euch eins? Erzählt davon.

> Ich habe eine Katze / einen Hamster …

> Ich wünsche mir einen Hund / eine Schildkröte …

💬 **3** Warum halten viele Menschen Haustiere? Sprecht darüber.

> sie lieben Tiere • Tiere sind niedlich •
> Tiere sind wie Freunde • zum Kuscheln oder Kümmern

A Ich mag Katzen, …

B Ich finde, Hunde tun der Familie gut, …

C Ich denke, nicht jeder sollte ein Haustier haben, …

1 denn oft kennen sich die Leute zu wenig aus.

2 weil man mit ihnen gut kuscheln kann.

3 weil man mit ihnen draußen spielen kann.

4 Zum Beispiel kann man üben, dass sie einen Stock zurückbringen.

1 **a** Lies die Meinungen in den Sprechblasen und die Begründungen.
   b Verbinde die Meinungen (A bis C) mit den passenden Begründungen (1 bis 3).
   c Zu welcher Begründung passt das Beispiel (4)?
   Verbinde.

2 Findet ihr die Haltung von Haustieren sinnvoll?
   a Zeigt eure Meinung auf einer Linie:
   Stellt euch eine Linie im Klassenraum vor.
   Links heißt „Ja", rechts heißt „Nein".
   Nehmt euren Standpunkt ein. Zeigt eure Meinung.
   b Formuliert eure Meinung zu Haustieren und
   begründet sie.

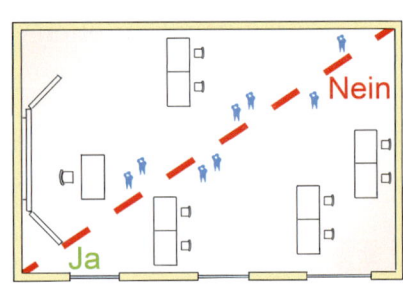

Meiner Meinung nach ist es sinnvoll, ein Haustier zu haben, weil … •
Meiner Meinung nach ist es nicht sinnvoll, ein Haustier zu haben, weil … •
Ich finde, dass …

3 **a** Lies den Klassenchat.

> **Adam** Hey Leute! Am Montag sprechen wir im Klassenrat über das Klassenhaustier! Ankündigung von Frau Miehe! ☺
>
> **Lina** Ätzend!!! ☹ Ich finde Tiere blöd! Die stinken!!
>
> **Sarah** Da kann sich Gereon drum kümmern! UHHH!!!
>
> **Bene** Ihr seid so doof! Tiere sind voll süüüüß!!! ❤❤❤
>
> **Ali** Tiere in der Klasse?! Hilfe!!! Ich bin allergisch! ☹
>
> **Gönül** Mann, was wollt ihr? Wäre doch cool. Endlich mal ein Projekt, bei dem man etwas Praktisches lernt!

b Wie findet ihr die Idee, ein Haustier in der Klasse zu halten? Sprecht darüber.

Ich finde, ein Klassenhaustier ist eine gute Idee, denn …	Ich finde, ein Klassenhaustier ist eine schlechte Idee, denn …

Klasse muss Rücksicht nehmen	Tiere haben Bedürfnisse
ruhig sein	Gassi gehen, füttern, säubern, …
neuer Freund, …	lenkt Schülerinnen und Schüler ab, …

c Welches Haustier wäre geeignet? Sprecht darüber.

> der Hund • die Schildkröte • der Fisch oder die Fische • das Meerschweinchen

4 **a** Untersuche den Chat: Wer ist für ein Klassentier? Markiere farbig. Wer ist dagegen? Markiere mit einer anderen Farbe.

b Bewertet die Äußerungen im Chat:
– Mit welcher Absicht haben die Schülerinnen und Schüler geschrieben?

> Sie wollen … provozieren oder ärgern • die eigene Meinung durchsetzen

– Wer hat gegen Chatregeln verstoßen? Markiert gemeine Äußerungen mit einer dritten Farbe.

Mündlich argumentieren

Meinungen begründen

> Ich denke, Wellensittiche sind super Haustiere, denn man kann ihnen Tricks beibringen, zum Beispiel das Sprechen.

> Ich finde Wellensittiche nicht so gut, weil sie in der Wohnung alles anknabbern. Bei meiner Tante haben sie beispielsweise die ganze Tapete kaputt gemacht.

1 Wellensittiche – die perfekten Haustiere?

a Untersuche die Äußerungen oben.
Markiere die Meinung, die Begründung und das Beispiel.

b An welchen Signalwörtern erkennt ihr die drei Bestandteile?
Ordne zu.

Meinung	Begründung	Beispiel

zum Beispiel / beispielsweise	Ich denke / Ich finde	denn / weil

2 a Verbinde die Meinungen auf der linken Seite mit passenden Begründungen auf der rechten Seite.

Wellensittiche sind tolle Haustiere.

Wellensittiche sind keine guten Haustiere.

A Mit Wellensittichen kann man nicht so gut kuscheln.

B Wellensittiche können Allergien auslösen. (Beispielsweise) tränen meiner Schwester immer die Augen, wenn sie mit einem Wellensittich spielt.

C Man kann viel über das Verhalten von Vögeln lernen. Zum Beispiel wie sie einander ihre Zuneigung zeigen, nämlich durch gegenseitiges Füttern.

D Die Haltung von Wellensittichen ist nicht teuer. Zum Beispiel kostet die Nahrung höchstens 10 Euro im Monat.

b Markiere in den Begründungen die Beispiele.
Kreise das Signalwort für das Beispiel ein.

c Welche Aufgabe haben die Beispiele? Sprecht darüber.

> um etwas besser zu verstehen • um es sich besser vorstellen zu können

3 Überlegt euch für die Begründung A ein Beispiel.

> sind so klein • haben kein Fell • zwicken mit dem Schnabel

4 Bereite ein Gespräch über Vorteile und Nachteile von Wellensittichen vor.
Wähle a oder b.

a Du findest, dass Wellensittiche als Haustiere **nicht gut geeignet** sind.

– Lies die Begründungen und Beispiele.
– Formuliere daraus eine Meinungsäußerung. Schreibe in dein Heft.

> Ich finde, Wellensittiche sind keine guten Haustiere, …

Begründung
man benötigt viel Zeit •
sie machen viel Lärm

Beispiel
man muss sie täglich fliegen lassen •
Nachbarn könnten sich beschweren

Ich finde, Wellensittiche sind als Haustiere nicht gut geeignet, weil …

b Du findest, dass Wellensittiche als Haustiere **gut geeignet** sind.
– Lies die Begründungen und Beispiele.
– Formuliere daraus eine Meinungsäußerung. Schreibe in dein Heft.

> Ich finde, Wellensittiche sind gute Haustiere, …

Begründung
sind zahm und anhänglich •
Vogelzwitschern wirkt beruhigend

Beispiel
lassen sich auf der Hand tragen •
bessere Konzentration bei Hausaufgaben

Ich finde, Wellensittiche sind als Haustiere gut geeignet, weil …

5 Stellt eure Meinungen vor. Nennt Begründung und Beispiel.
Diskutiert: Sind Wellensittiche geeignete Haustiere für Kinder?

Eine Diskussion vorbereiten und durchführen

1 Eine Klasse 6 hat entschieden, einen Hund als Haustier für die Klasse anzuschaffen. Wäre die Hündin Curry geeignet?

a Lies die Anzeige des Tierheims.

1. Die Hundedame Curry sucht dringend ein neues Zuhause.
2. Wenn sie sich unwohl fühlt, läuft sie schnell weg.
3. Beispielsweise öffnet sie Türen und gräbt sich unter Zäunen durch.
4. Aber Curry kuschelt gern und ist sehr verspielt.
5. Sie braucht hundeerfahrene Menschen mit viel Zeit und Geduld.
6. Beispielsweise wäre eine größere Familie geeignet,
7. denn Curry ist gesellig und fühlt sich bei vielen Menschen wohl.
8. Auch für Kinder ab 10 Jahren ist sie gut geeignet.
9. In ihrem neuen Zuhause sollte es aber nicht zu laut sein,
10. denn Lärm macht ihr Angst, zum Beispiel wenn Kinder schreien.
11. Wir hoffen, dass Curry bald ein liebevolles und ruhiges Zuhause
12. findet.

b Was spricht dafür? Markiere farbig.
Was spricht dagegen? Markiere mit einer anderen Farbe.

c Schreibe Stichworte in einer Tabelle in dein Heft.

Was spricht für Curry?	Was spricht gegen Curry?
– kuschelt gern	– läuft schnell weg
…	…

d Vergleicht eure Notizen mit einer Partnerin oder einem Partner. Ergänzt eure Notizen.

2 Ist die Hündin Curry als Tier für die Klasse geeignet?
Bereite mit Hilfe deiner Notizen aus Aufgabe 1 eine Diskussion vor.

a Bist du **für oder gegen** Curry als Klassenhund?

b Schreibe deine Meinung mit Hilfe der Satzanfänge in dein Heft.
Ich finde, Curry ist gut als Klassenhund geeignet, weil …
Ich finde, Curry ist nicht als Klassenhund geeignet, weil …

c Ergänze ein Beispiel zu deiner Meinung.
Tipp: Du kannst die Hilfen im Kasten nutzen.

> in den Pausen schmusen und spielen • im Unterricht abgelenkt sein

Zum Beispiel … / Beispielsweise …

d Stellt eure Meinung in der Gruppe vor.

Meinungen schriftlich begründen

Die eigene Meinung in einer E-Mail formulieren

 1 **a** Lies den Artikel aus dem Internet.

Schafhaltung an der Einstein-Schule

1 Seit Oktober halten wir an unserer Schule drei Schafe:
2 Wolly, Cooky und Crispy.
3 Die Schafe stehen auf der Wiese neben dem Sportplatz.
4 Die Nächte verbringen sie in einem Stall.
5 Die Schafe werden abwechselnd von den Schülerinnen und
6 Schülern aller Klassenstufen versorgt.
7 Eine Lehrerin und einige Eltern unterstützen sie dabei.
8 An den Wochenenden und in den Ferien kümmern sich Eltern
9 um die drei Schafe.
10 Die Schülerinnen und Schüler sammeln wertvolle Erfahrungen
11 im Umgang mit Tieren. Sie lernen viel über die Bedürfnisse* von
12 Tieren.
13 Sie beobachten das Verhalten der Tiere. Außerdem lernen sie
14 dabei Teamarbeit. Zum Beispiel erledigen immer mehrere
15 Schülerinnen und Schüler das Füttern und das Säubern des Stalls
16 gemeinsam.

* was Tiere brauchen

b Schafe an eurer Schule – könnt ihr euch das vorstellen?
Tauscht euch über eure Gedanken und Fragen dazu aus.

> Ich finde Schafe an unserer Schule …

> Ich frage mich, ob/wie …

2 **a** Welche Meinung vertritt der Artikel aus dem Internet?
Kreuze an.
Tipp: Lies noch einmal die Zeilen 10 bis 14.

A ☐ Die Schafhaltung ist sinnvoll.

B ☐ Die Schafhaltung ist nicht sinnvoll.

b Markiere im Artikel die Begründungen für die Schafhaltung
an der Schule farbig.

c Zu welcher Begründung wird ein Beispiel genannt?
Tipp: Lies noch einmal die Zeilen 14 bis 15.
Markiere das Beispiel mit einer anderen Farbe.

3 a Lies den Brief und die Chatbeiträge.

> Liebe Schülerinnen und Schüler,
> eine Klasse hat vorgeschlagen, an unserer Schule Schafe zu halten. Dafür könnte der Grünstreifen zwischen Schulhof und Sportplatz genutzt werden. Wie denkt ihr darüber?
> Bitte teilt mir eure Meinung bis zum 03.11. mit. Dann diskutieren wir diesen Vorschlag in der Schülersprecher-Versammlung. Danke und viele Grüße!
> Ajda Aslan (Schulleiterin)

> **Felix** Bitte keine Schafe! Die machen doch nur Dreck. Das ist viel Arbeit!

> **Ranya** Ich finde Schafe toll! Die sind so süß! Man kann sie streicheln und mit ihnen kuscheln.

> **Iyad** Ich finde die Idee super, denn ich will mal Tierpfleger werden. Mit den Schafen könnte ich viel über Tiere lernen, zum Beispiel über die Haltung von Nutztieren.

b Welche Aussagen im Chat überzeugen euch? Welche nicht? Begründet.

> Ich finde Iyads Aussage gut, weil …

4 a Markiere die Begründungen für die Schafhaltung farbig.
b Markiere die Begründungen gegen die Schafhaltung mit einer anderen Farbe.
c Iyad nennt ein Beispiel zu seiner Meinung. Markiere es mit einer dritten Farbe.

5 Bist du **für oder gegen** die Schafhaltung an eurer Schule?
Schreibe deine Meinung, eine Begründung und ein Beispiel in dein Heft.
Ich finde diesen Vorschlag (gut / nicht so gut), weil …
Beispielsweise …

6 Schreibe eine E-Mail mit deiner Meinung an die Schulleiterin in dein Heft.
Ergänze die Lücken.

> Betreff: Schafhaltung an der Schule
>
> Liebe Frau ?,
> Sie haben uns gebeten, Ihnen unsere Meinung über Schafhaltung an unserer Schule mitzuteilen.
> Ich finde diesen Vorschlag ?, weil ?.
> Beispielsweise ?.
>
> Viele Grüße
> (dein Name)

3 Von Freundinnen und Freunden –
Über gemeinsame Erlebnisse erzählen

💬 **1 a** Was erleben die Freundinnen und Freunde auf dem Bild?
Erzählt.

💬 **b** Was könnte an diesem Tag noch alles geschehen?
Erzählt davon.
Tipp: Die Wörter im Wortkasten helfen euch.

> gemeinsam essen und feiern • Spaß haben • Gewitterwolken am Himmel • Sturm zieht auf •
> Zelt ist undicht • alle Sachen sind nass

✏️ **2** Wie sollte eine Freundin oder ein Freund für dich sein?
Welche Eigenschaften sind für dich am wichtigsten?
Kreise drei Wörter ein.

> vertrauensvoll • unternehmungslustig • treu • verlässlich • verständnisvoll • lustig • hilfsbereit

💬 **3** Erzählt von eigenen Erlebnissen mit Freundinnen und Freunden.

Freunde mit Köpfchen

Mündlich erzählen

1 Was siehst du auf Bild 1? Und was könnten die Freunde für Pläne haben?

a Ergänze die Sätze mit den Wortgruppen aus dem Wortkasten.

> ein Auto mit vielen Müllsäcken • laute Stimmen • Fahrrädern unterwegs • Aussichtsturm fahren

Vier Freunde waren mit ihren _____.

Sie wollten zu einem _____.

Plötzlich sahen sie _____.

Dann stiegen sie ab und hörten _____.

b Du brauchst **fünf Karteikarten.** Nummeriere sie.
Schreibe die vollständigen Sätze auf die **erste** Karteikarte.

2 Was tun die Freunde auf Bild 2?

a Kreise passende Wortgruppen aus dem Wortkasten ein.

> hockten hinter der Hecke • beobachteten etwas mit dem Fernglas • flüsterten miteinander •
> versteckten sich • schlichen • verhielten sich leise • fühlten sich ängstlich • fanden es spannend •
> fühlten sich wie Detektive

b Schreibe die eingekreisten Wortgruppen auf die **zweite** Karteikarte.

3 Was beobachten die Freunde?

a Kreise passende Wörter aus dem Wortkasten ein.

> viele Müllsäcke im Wald • illegal • wild • verboten • an einer Lichtung •
> viele Müllsäcke auf der Straße • mitten im Wald • an einer Weggabelung • die Plastiksäcke •
> drei Männer • der riesige Haufen • die Unordnung • der Gestank • Müll abgeladen

b Schreibe die eingekreisten Wörter auf die **dritte** Karteikarte.

c Was geschah danach?
Kreise passende Wörter aus dem Wortkasten ein.

> schnell • Rucksack • ohne Vorwarnung • Handy • Nachricht an die Polizei • aus dem Nichts

d Schreibe die eingekreisten Wörter auf die **vierte** Karteikarte.

e Wie endet die Geschichte?
Kreise passende Wörter aus dem Wortkasten ein.

> endlich • kurz danach • Umweltverschmutzer • fragten nach • schimpften •
> Verunreinigung des Waldes • Polizei kam • Müll musste wieder mitgenommen werden

f Schreibe die eingekreisten Wörter auf die **fünfte** Karteikarte.

4 Erzählspiel in der Tischgruppe:
Erzählt die Geschichte der Freunde mit Hilfe eurer
Karteikarten.

Erlebnisse erzählen

Eine Reizwortgeschichte untersuchen

1 **a** Lies die Geschichte von Alex und Darja.

1 Vorgestern radelten Alex und Darja mit ihren Rädern am Ufer
2 des Forellenteichs entlang. Die beiden ahnten nicht, welch
3 spannendes Abenteuer sie bei den Forellen erwartete. Zwei Libellen
4 tanzten um einen morschen Bootssteg. Sonst passierte nichts.
5 „Komm, Alex, das ist voll langweilig hier! Lass uns weiterradeln
6 und nachsehen, ob an der Grillhütte mehr los ist", sagte Darja.
7 Kaum waren sie an der Grillhütte angekommen, hörten sie
8 plötzlich aus der Ferne ein seltsames Krachen. „Was war das
9 denn? Hast du das auch gehört?", fragte Alex überrascht.
10 „Da ruft doch jemand. Ist das nicht die Stimme von Henri?", sagte Darja.
11 Die beiden sprangen eilig auf ihre Räder und stürmten los.
12 Henris Schreie wurden immer lauter. „Hiiilllfe! Ich hänge fest. Hiiillfe!"
13 Als der Forellenteich wieder in Sicht kam, trauten sie ihren Augen nicht.
14 Von Henri waren nur noch Kopf und Arme zu sehen. Er hatte sich auf
15 den morschen Bootssteg getraut und war eingebrochen.
16 Er schrie: „Ich kann mich nicht mehr halten und mein Bein tut so weh!"
17 Alex und Darja riefen: „Halt durch, wir kommen und helfen dir!"
18 Beide krochen vorsichtig auf dem morschen Bootssteg vorwärts.
19 Zum Glück hielten die Planken, und den Freunden gelang es, Henri aus
20 dem Loch im Bootssteg herauszuziehen.
21 Das Holz des Bootsstegs hatte ihn am Bein verletzt. Doch zum Glück
22 konnte Henri selbstständig gehen. Nachdem sich alle von dem großen
23 Schreck erholt hatten, brachten Alex und Darja ihren Freund nach Hause.

b Markiere die folgenden Reizwörter in der Geschichte.

> ein Freund • helfen • der Forellenteich • der morsche Bootssteg • die Grillhütte • verletzt

c Wähle eine Überschrift für die Geschichte aus.
Kreuze an.

☐ Ein spannendes Abenteuer   ☐ Die Rettung   ☐ Der morsche Bootssteg

2 Wie wird in der Geschichte Spannung erzeugt?
a Lies die **Einleitung** (Zeilen 1 bis 4).
b Welcher Satz macht neugierig und erzeugt Spannung?
Markiere.
c Lies den **Hauptteil** (Zeilen 5 bis 20).
d Welche Wörter lassen die Spannung steigen?
Markiere **treffende Verben** (Tuwörter) und **anschauliche Adjektive** (Wiewörter).

52

Reizwortgeschichten mündlich und schriftlich erzählen

Eine Reizwortgeschichte erzählen

Reizwörter sollen euch reizen, besonders fantasievolle Geschichten zu erzählen.
– **Verwendet alle Reizwörter** in der Geschichte.
– Gebt eurer Geschichte eine **Einleitung**, einen **Hauptteil**, einen **Schluss** und am Ende auch eine **Überschrift.**

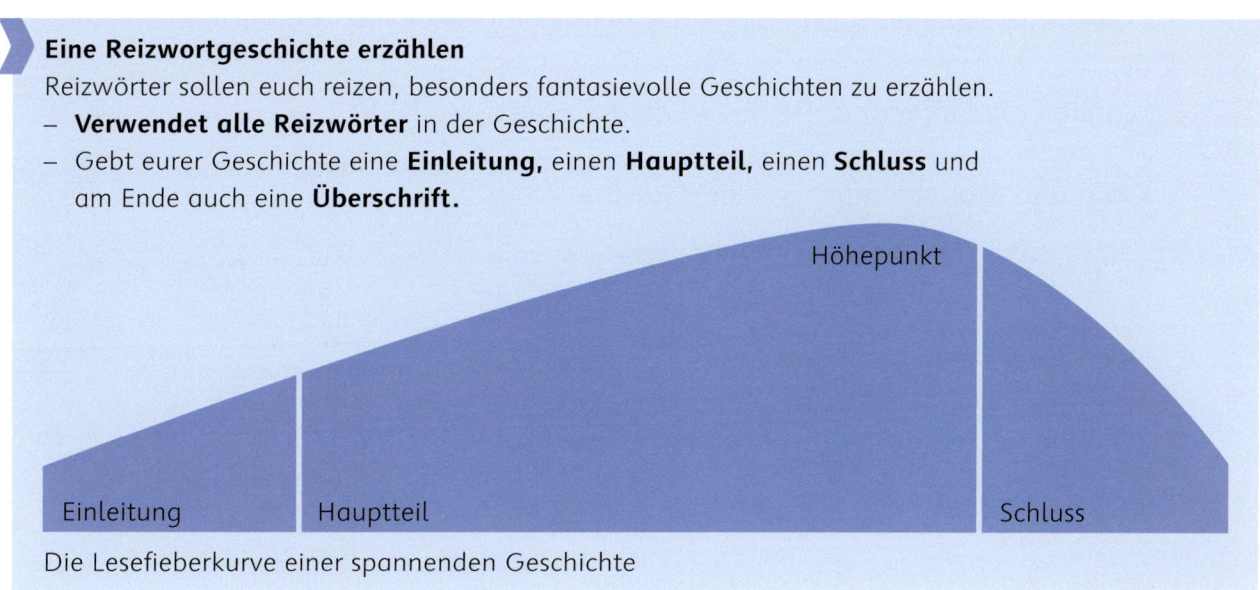

Die Lesefieberkurve einer spannenden Geschichte

1 Erzähle zu den folgenden Reizwörtern eine Geschichte.

> der Jahrmarkt • die Losbude • der Hauptgewinn • der Windstoß • die Suche

 **a** Bringe zuerst die Sätze in eine sinnvolle Reihenfolge.
Schreibe die Zahlen in die Kästchen.

☐ Dann kauften die Freunde ein Los an der Losbude.

1 Fünf Freunde gingen auf den Jahrmarkt.

☐ Die große Suche nach dem Los begann.

8 Am Ende des Tages war nur noch ein Euro übrig.

☐ Plötzlich kam ein Windstoß und wehte das Los aus der Hand.

☐ Zuerst fuhren sie mit dem Karussell.

☐ Der Jubel war groß. Sie hatten den Hauptgewinn.

☐ Das Los wirbelte durch die Luft.

b Denke dir eine passende Überschrift aus.
Schreibe sie auf die Linie.

c Erzählt euch die Geschichte.

2 Schreibe zu den Reizwörtern eine Geschichte.

> der Kletterpark • die Hängebrücke • die Höhenangst • Mut (machen) • gemeinsam stark

a Schreibe die Einleitung. Denke an die Reizwörter. `RW`

Kevin und Maurice machen einen Ausflug _____. `RW`

Sie freuen sich riesig auf _____. `RW`

Noch weiß Kevin nicht, dass er _____ hat. `RW`

b Schreibe den Hauptteil. Denke an die Reizwörter. `RW`

Im Kletterpark angekommen, probieren sie _____ aus.
verschiedene Kletterwände • Stationen • Geräte

Endlich gelangen sie zu der _____. `RW`

Kevin hat plötzlich ein _____ Gefühl.
mulmiges • komisches

Auf der _____ kann er nicht mehr weitergehen. `RW`

Maurice macht seinem Freund _____. `RW`

Er schlägt vor: „Sollen wir _____?"
zusammen über die Brücke gehen • es gemeinsam versuchen

c Schreibe den Schluss.

Gemeinsam _____

_____.

d Wähle eine Überschrift aus.
Kreuze an.

☐ Der Ausflug   ☐ Die Freundschaft

☐ Im Kletterpark   ☐ Der Zusammenhalt

3 a Lest eure Geschichten in Partnerarbeit vor.
b Gebt euch gegenseitig Feedback.
Besonders gefallen hat mir, dass …
Spannend fand ich die Stelle mit …
Du könntest noch Wörter wie … verwenden.

Schriftlich zu Bildern erzählen

Freunde halten zusammen

1 Sieh dir die Bilder an.

2 Schreibe dazu eine Geschichte.
Schreibe eine **Einleitung.**
Mache auf die Geschichte neugierig.
Wähle passende Wörter aus dem Wortkasten.
Schreibe in dein Heft.

> die Leiter • am Wochenende • der Garten • im Gewächshaus •
> es anders kommen sollte als geplant • in den Ferien den Stuhl •
> für ihn nicht so einfach ist, wieder herunterzusteigen •
> seine Freunde im richtigen Moment da sind

Tobi besuchte … seinen Opa.
Nach dem Frühstück machte Opa den Vorschlag, im …
Kirschen zu pflücken.
Der Kirschbaum war voll mit roten und saftigen Kirschen.
Tobi freute sich und lief in die Garage, um eine lange Leiter
und einen Eimer zu holen.
Als er … an den Stamm lehnte, ahnte er noch nicht, dass …

Wann spielte die Geschichte?
Wo spielte die Geschichte?

54

3 **a** Den **Hauptteil** gestalten.
Schreibe den Hauptteil.
Schreibe lebendig und spannend.
Wähle passende Wörter aus dem Wortkasten.
Schreibe in dein Heft.

> dicken und saftigen Kirschen • Wo ist die Leiter geblieben? • stolz •
> höher • auf einem dicken Ast • glücklich • Angst • weiter • stark •
> Ästen und Blättern • mutig • Hilfe • Was mache ich jetzt? •
> ein mulmiges Gefühl • freuen • Opa • erleichtert • wundern •
> auf die Leiter • Wie soll ich bloß wieder runterkommen? • glücklich

Tobi kletterte die Leiter hoch und stellte sich …
Er kletterte immer …
Er fühlte sich …
Bald war er von … verdeckt.
Er freute sich jetzt schon auf die …
Er pflückte so lange, bis der Eimer voll war.
Opa wird sich …
Vorsichtig kletterte er den Baum wieder herunter.
Aber was war das?
„Wo …"
Tobi bekam …
Er spürte im Magen …
Warum habe ich Opa nicht gesagt, dass ich so hoch
geklettert bin?
Er hat mich wohl nicht mehr gesehen.
Deshalb hat Opa die Leiter wieder weggeräumt.
Tobi dachte verzweifelt: … Er rief: „…!"

b Schreibe den **Schluss.**
Wie endet die Geschichte?
Wähle passende Wörter aus dem Wortkasten.
Schreibe in dein Heft.

> Kirschen • Da hast du aber Glück gehabt. • Stimmen •
> Freunde Kaya und Max • Geräusche • Eltern • eine Räuberleiter •
> Gut, dass wir gekommen sind. • Äpfel • Ich habe eine gute Idee.

Plötzlich hörte Tobi …
Erleichtert erkannte er seine …
Sein Freund meinte: „…"
Sie machten … und holten Tobi wieder vom Baum.
Der Opa kam aus dem Haus.
Gemeinsam aßen sie die leckeren …
Alle sagten zu Tobi: „…"

Zu Freundschaftsgeschichten schreiben

 1 **a** Lies die Geschichte.

Salah Naoura

Chris, der größte Retter aller Zeiten – Teil 1

1 Chris lebt mit seinen Eltern in Berlin.
2 Er besucht die sechste Klasse und ist ein beliebter
3 und sehr hilfsbereiter Schüler.
4 Im Laufe des Schuljahres kommt ein neuer Junge in die Klasse,
5 der sich als „Vampir" vorstellt.
6 In Wirklichkeit heißt er Titus. Eines Tages beobachtet Chris, wie
7 Titus in der Schulbücherei heimlich Bücher einsteckt. Er fragt sich
8 verwundert, warum jemand ausgerechnet in der Schulbücherei
9 Bücher klaut.

10 **A** Chris machte sich auf den Weg zum S-Bahnhof.
11 Der Rest der Klasse hatte noch Schwimmunterricht.
12 Davon war er befreit […].
13 **B** Auf dem S-Bahnsteig […] schlenderte er ein Stück den Bahnsteig entlang.
14 Als er gerade den Kopf hob, um auf die Zuganzeige zu schauen,
15 sah er auf der anderen Seite eine dürre, bleiche Gestalt.
16 Gerade fuhr die S-Bahn Richtung Innenstadt ein […].
17 Die Türen sprangen knallend auf und Chris sah, wie der Vampir
18 in einen der vorderen Waggons stieg. […]
19 **C** […] Chris war nach der Schule noch nie woanders hingefahren als nach Hause.
20 Doch seine Neugierde überwog. Wo würde der Vampir aussteigen? Wo wohnte er?
21 Wozu brauchte er die geklauten Bücher? Im allerletzten Moment […] sprang Chris
22 zum ersten Mal in seinem Leben in den falschen Zug. […]
23 **D** Der Zug fuhr und fuhr. […] Über eine Viertelstunde waren sie schon unterwegs.
24 Die nächste Station war Yorckstraße. […] Dort stieg der Vampir endlich aus.
25 Hastig stieg Chris ebenfalls aus. Er folgte dem Vampirkopf mit dem blonden,
26 hängenden Haar über dem langen schwarzen Mantel.
27 Der Neue lief eilig die Treppe hinunter, sah auf seine Uhr und begann zu rennen. $\boxed{\text{V}}$

 b Markiere die Informationen zu Chris farbig.
c Markiere die Informationen zu Titus mit einer anderen Farbe.

2 Wie wirkt die Hauptfigur Chris auf dich?
Tipp: Beziehe auch den Titel des Buches in deine Überlegungen ein.
Schreibe auf die Linien.

Chris ist beliebt und _____ . Lies Zeile 3.

Er fährt normalerweise nach der Schule sofort nach Hause. Lies Absatz C.

Aber jetzt war er _____ .

3 a Wie könnte die Geschichte weitergehen?
Überlege dir eine sinnvolle Reihenfolge.
Ergänze die Nummerierung

> **10** Der Vampir duckte sich hinter Kästen.
>
> **2** Der Vampir verschwand in einem Kiosk.
>
> Da war der Vampir.
>
> **11** Chris' Herz schlug ihm bis zum Hals.
>
> Und ein riesiger Hund raste auf den Vampir zu.
>
> Chris wartete vor dem Kiosk lange, aber vergeblich.
>
> Plötzlich dröhnte eine Stimme: „Was hast du hier zu suchen?"
>
> Chris entschloss sich, hinter dem Kiosk nachzusehen.
>
> Chris schaffte es gerade noch, den Vampir zu warnen.
>
> **1** Chris rannte hinter dem Vampir her.
>
> Er hatte keine Ahnung, warum der Vampir nicht mehr herauskam.

b Schreibe die Sätze in der richtigen Reihenfolge in dein Heft.

4 Schreibe eine Fortsetzung der Geschichte.
Die Wörter im Wortkasten helfen dir.
Schreibe in der Vergangenheit.
Schreibe in dein Heft.

> half ihm • wohnte in einem sehr alten Mietshaus •
> hörte Schreie • sagte „Danke" • besuchte Titus •
> Aufzug ruckte plötzlich • „Ihr verdammten Blagen" •
> hatte Angst • Mutter erwartete auch Vampir •
> fühlte sich unwohl • „Was war in dem Paket?" •
> schrie um Hilfe • begann eine Freundschaft •
> lud den Vampir zu seinem Geburtstag ein •
> blieb im Aufzug stecken • „lasst mich raus" •
> brachte ein Paket mit • Männerstimme brüllte

5 Lest euch gegenseitig eure Fortsetzungen vor.
a Was gefällt euch besonders?
Sprecht darüber.
b Welche Stellen findet ihr spannend oder lebendig?
Sprecht darüber.

4 Sportlich unterwegs –
Beschreiben

er Scooter [sprich: Skuter]

die Inlineskates [sprich: Inleinskets]

💬 **1** **a** Welches Sportgerät nutzt ihr? Tauscht euch aus.

💬 **b** Beschreibt den Scooter.

Welche **Farbe** hat der Scooter?

Der Scooter ist halb hellgrau, halb … gefärbt.

Aus welchem **Material** besteht der Scooter?

Er besteht aus …

Wie ist die **Größe** der Reifen?

Seine Reifen sind …

Welche **Form** hat das Standbrett?

Das Standbrett ist …

✏ **2** Ein Schüler vergisst seinen Scooter im Schulbus.

Er will eine Suchanzeige an das Busunternehmen schreiben.

Welche Angaben sind wichtig?

Schreibe die vier Begriffe auf.

1 Erratet den Gegenstand.
  – Wählt einen Notizzettel von dieser Seite aus.
  – Lest ihn langsam vor.
  – Die anderen erraten den Gegenstand.

2 Beschreibe den Gegenstand auf dem ersten Notizzettel
von Seite 69.
Schreibe ganze Sätze in dein Heft.
Das Hauptmaterial besteht aus …
Die Oberfläche ist …
Seine Farbe ist …
Der Gegenstand hat eine … Form.
Die Bestandteile sind …
Man kann gut damit …

1
Hauptmaterialien: Metall, Kunststoff, Gummi, ...
Oberfläche: stabil, glatt, ...
Farben: orange, schwarz, metallisch, glänzend, ...
Formen: rund, gerade, geschwungen, ...
Bestandteile: der Rahmen, der Lenker, die Bremse, die Reifen, der Sattel, die Pedale, ...

2
Hauptmaterial: Plastik, Kork
Oberfläche: glatt und netzartig, ...
Form: halbrund, kegelförmig, ...
Farbe: weiß, gelb

3
Hauptmaterial: Kunststoff oder Leder
Oberfläche: fest, rau, prall, ...
Form: rund
Farbe: orange mit schwarzen ...

💬 **3** **a** Wählt eine Person auf dem Bild aus.
Welche Sportart übt sie aus? Sprecht darüber.
b Was macht die Person? Sprecht darüber.

> werfen • fangen • springen • treten • balancieren • fahren • rennen

c Welche Gegenstände braucht die Person für das Spiel? Sprecht darüber.
d Beschreibt die Kleidung.

> die Sporthose • der Helm • die Knieschoner • die Sportschuhe • die Sportleggings

💬 **4** Was macht ihr am liebsten im Park?
Beschreibt den Gegenstand, den ihr dafür benötigt.

Gegenstände beschreiben

Den Aufbau einer Gegenstandsbeschreibung untersuchen

1 **a** Lies die Gegenstandsbeschreibung.

Das Downhill-Longboard

1 **1** Das Downhill-Longboard ist eine besondere Art des
2 Longboards. Extremsportlerinnen und Extremsportler
3 nutzen es zum sehr schnellen Bergabfahren.
4 **2** Ein Downhill-Longboard ist zwischen 90 und 150 Zentimeter
5 lang.
6 Das Brett bezeichnet man als Deck. Es ist oval und besteht aus
7 Holz.
8 Den tiefschwarzen Belag auf der Oberseite nennt man
9 Griptape.
10 **3** Das Griptape weist eine raue, rutschfeste Oberfläche auf.
11 Die beiden Achsen heißen Trucks.
12 Sie sehen metallisch aus und dienen als Halterung für die
13 Rollen.
14 Die Rollen des Boards bestehen aus Plastik. Sie sind gelb.
15 **4** Beim Longboard sind der vordere Teil (Nose) und der hintere
16 Teil des Boards (Tail) gerade. Das Downhill-Longboard besitzt
17 ein festes Deck, große Rollen und breite Achsen.
18 Fahrerinnen und Fahrer benutzen Schutzkleidung und einen
19 Helm.

Aussprache wichtiger Begriffe:
das Downhill-Longboard [sprich: Daunhill-Longbord]
das Griptape [sprich: Gripteep]
die Trucks [sprich: Traks]
die Nose [sprich: Nous]
das Tail [sprich: Teel]

 b Wo könnte man diese Beschreibung finden?
Kreuze an.

☐ im Sportkatalog   ☐ bei den Suchanzeigen

 2 Untersuche den Aufbau der Gegenstandsbeschreibung.
Ordne die Überschriften den Absätzen zu.

> Die Beschreibung einzelner Bestandteile • Die Art des Gegenstands •
> Die Besonderheiten und die Gebrauchshinweise •
> Die Größe, die Form, das Hauptmaterial und die Hauptfarbe

1 _____

2 _____

3 _____

4 _____

Die Sprache der Gegenstandsbeschreibung untersuchen

3 Wie heißen die einzelnen Bestandteile des Longboards?
Schreibe auf die Linien.
Benutze die Fachwörter aus der Randspalte.

> das Griptape •
> die Trucks •
> die Nose •
> das Tail

vorderer Teil   hinterer Teil

4 Schreibe die <mark>Adjektive</mark> aus der Gegenstandsbeschreibung von Seite 70 ab.

5 Schreibe die <mark>Verben</mark> aus der Gegenstandsbeschreibung von Seite 70 ab.

Eine Gegenstandsbeschreibung planen und schreiben

1 Dieses Skateboard soll verkauft werden.
Sieh dir die beiden Fotos an.

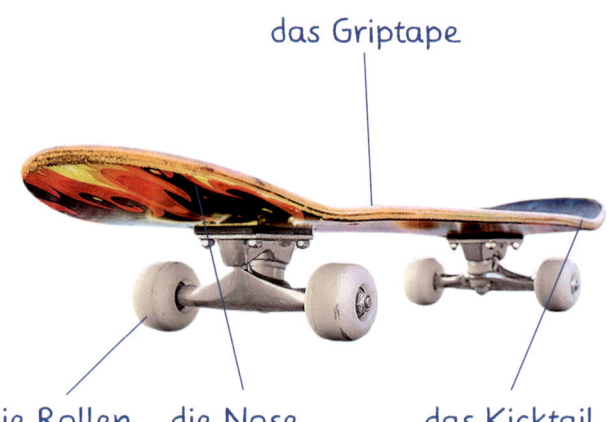

das Griptape

die Rollen   die Nose   das Kicktail

2 Zeichnet die Tabelle in euer Heft.
Tipp: Das Griptape auf der Oberseite sieht genauso aus wie die Unterseite.

die Bestandteile	die Form / die Größe	das Material	die Farbe
das Kicktail	nach oben gebogen	Holz	gelb, orange, rot, schwarz
…	…	…	…

> **die Formen und die Größe**
> oval • rechteckig • rund • hinten eckig • nach oben gebogen • flach •
> abgerundet • breit • 55 cm lang

> **die Farben**
> matt • glänzend • metallic • hell • dunkel • gelb • orange • rot •
> schwarz • grau • weiß • beige

> **die Materialien**
> leicht • schwer • robust • belastbar • stabil • rau • geriffelt •
> Kunststoff • Holz • Plastik • Aluminium

3 Schreibe eine Gegenstandsbeschreibung in dein Heft.
<u>Skateboard zu verkaufen</u>!
Das Skateboard ist … lang.
Das Deck ist aus …
Das Griptape hat verschiedene Farben. Es ist …
Es hat eine … Form.
Die Unterseite des Decks hat …
Kicktail und Nose sind …
Die Rollen sind aus …
Insgesamt ist das Skateboard sehr …
Man kann damit über … fahren.
Es ist besonders für Anfänger/-innen und geübte Fahrer/-innen geeignet.

Eine Suchanzeige schreiben

Die Suchanzeige mit der Beschreibung planen

1 Felix vermisst sein **BMX-Rad** seit dem **21.06.20XX.**
Er hat es zuletzt in der **Parkstraße** in **Köln** gesehen.

a Sieh dir das BMX-Rad an.

b Lies die Beschriftungen.

der Rahmen

der Sattel

der Lenker

das Sattelrohr

der Reifen – die Reifen

die Kette

das Pedal – die Pedale

2 Plane eine Suchanzeige.

a Wähle eine Überschrift aus. Kreuze an.

☐ BMX-Rad vermisst!   ☐ BMX-Rad gestohlen!

b Schreibe Informationen zu diesen Bestandteilen.
Tipp: Nutze die Informationen am Rand.

der Rahmen: _____

_____

der Lenker: _____

die Reifen: _____

Auswahl für die Aufgaben b und c:
besonders •
hoch • blau •
ohne Kettenschutz •
weiße Streifen •
weit nach hinten
gehender Rahmen •
schwarz •
kein Gepäckträger •
Stollenreifen •
grob

c Schreibe Besonderheiten auf.
Tipp: Nutze die Informationen am Rand.

_____

Die Suchanzeige schreiben

 3 Schreibe die Suchanzeige für Felix.
Nutze die Informationen von Seite 74.

_____ die Überschrift

Am _____ ist mein blaues BMX-Rad das Datum

verloren gegangen.

Zuletzt habe ich es in der _____ der Ort

in _____ gesehen.

Besonders auffällig sind die strahlend weißen _____

auf dem blauen Rahmen. Der Rahmen ist sehr außergewöhnlich.

Er geht weit _____.

Der Lenker ist _____. die Höhe des Lenkers

Das Fahrrad besitzt keinen _____ die Besonderheiten

und keinen _____.

Das Fahrrad hat eine _____. die Art der Reifen

Die Reifen sind _____ und _____.

Am besten bin ich unter der E-Mail-Adresse

_____ Denke dir eine E-Mail-Adresse aus.

zu erreichen.

Ich bin dankbar für jeden Hinweis!

_____ die Unterschrift

Vorgänge beschreiben

Buschball – Eine Sportart für Schulhof und Park beschreiben

👁 **1** **a** Sieh dir die Bilder auf dieser und der folgenden Seite an.

📖 **b** Lies die Texte unter den Bildern.

✏ **2** Beschreibe nun das Spiel **Buschball.**
Ergänze die Sätze.
Tipp: Die Texte unter den Bildern helfen dir.

– ein Funsport für Schulhof,
Park, Wiese oder Garten
– mindestens zwei Spielerinnen
und Spieler

Überschrift: _____

Buschball ist eine Sportart für den Schulhof, _____

_____

_____ .

Es müssen mindestens _____ Spielerinnen und

Spieler _____ .

Für das Spiel _____

_____

_____ .

– besorgen: einen Ball,
zum Beispiel Fußball oder …
– ein „Ziel", zum Beispiel
Fahnenstange, Stock,
Besenstiel oder Eimer

– Runde 1: Spielerin oder
Spieler 1 platziert das Ziel
– Hindernisse sind erwünscht
– Startpunkt festlegen

In der Runde 1 platziert Spielerin oder Spieler 1 die

_____ .

Hindernisse sind _____ .

Den Startpunkt muss man _____ .

– Spielerin oder Spieler 2: mit
  möglichst wenigen Schüssen
  das Ziel treffen

Spielerin oder Spieler 2 versucht, _____

_____,

die _____ zu _____.

– Anzahl der Schüsse notieren
– die/der Nächste

Ein Spieler notiert die _____

_____.

Dann ist die oder der _____

dran.

– Runde 2: Spielerin oder
  Spieler 2 platziert …
– reihum, bis alle dran waren
– Wer zum Schluss die
  wenigsten …

In Runde 2 platziert Spielerin oder Spieler 2 _____

_____.

So geht es reihum weiter, bis _____

_____.

Wer zum Schluss die wenigsten _____

_____, ist

die Siegerin oder der Sieger.

Das Ziel des Spieles ist es, _____

_____

_____

_____

_____.

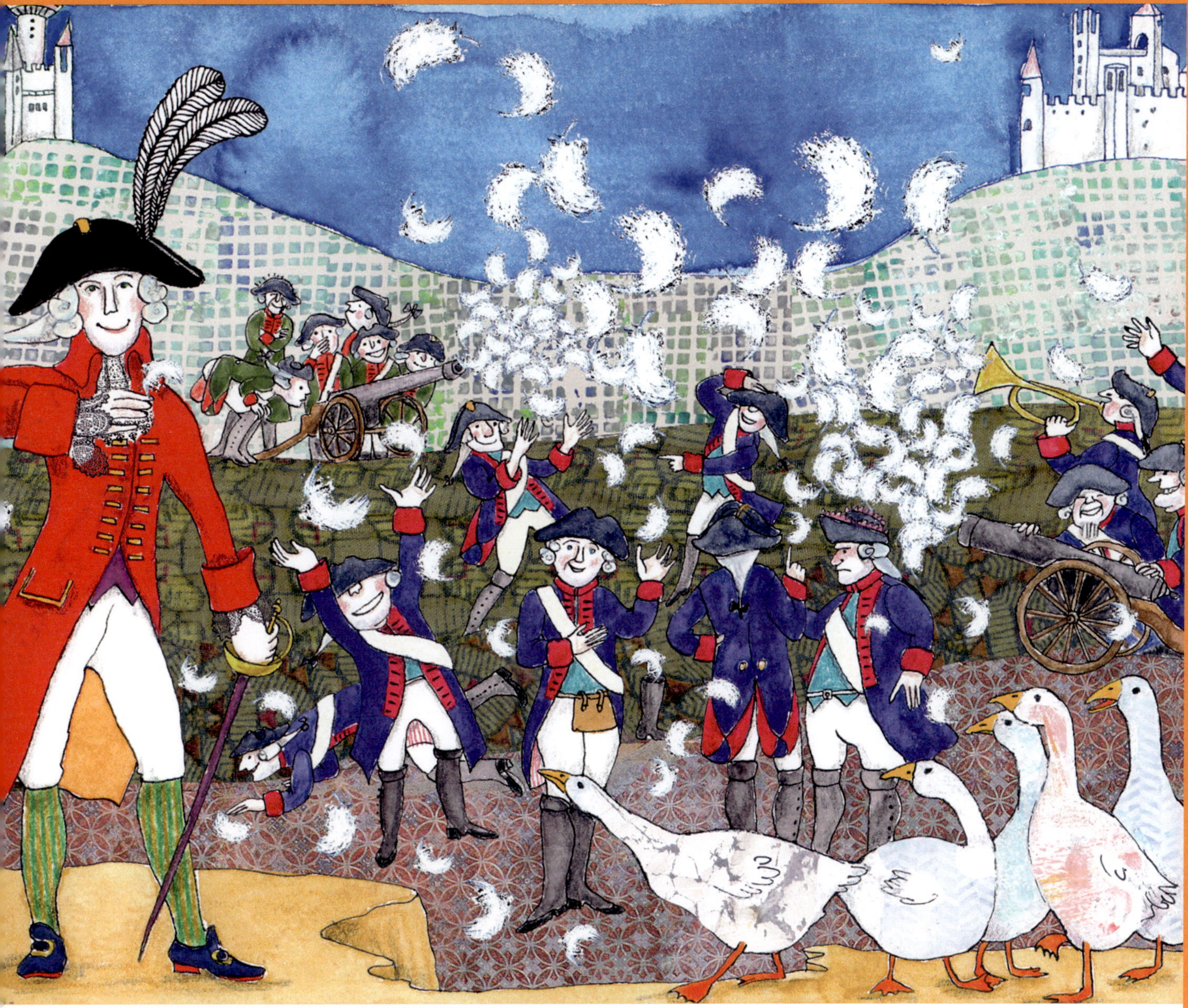

 **1** Was seht ihr auf dem Bild mit dem Lügenbaron Münchhausen?
Beschreibt das Bild gemeinsam.

> Auf dem Bild sehe ich …

lachende Soldaten •
Lügenbaron Münchhausen •
Kanonen • Gänse •
Gänsefedern

 **2** Kennt ihr noch einen Meisterlügner?
Schreibt seinen Namen auf.

1 a Seht euch die beiden Bilder an.
– Was behauptet der Angler?
– Was ist wirklich passiert?
b Sprecht darüber.

2 In welchen Situationen hast du schon mal gelogen?
Was war der Grund dafür?
Erzählt euch gegenseitig davon.

3 Für das Wort **lügen** gibt es viele andere Ausdrücke.
a Lies die folgenden Ausdrücke.
b Was passt zusammen? Verbinde.

schwindeln	flunkern	austricksen	betrügen	hinters Licht führen

unterhaltsame Lügen	kleine Lügen	Notlügen	bösartige Lügen

4 Wahrheit oder Lüge? Spielt das Lügenspiel:
– Eine Schülerin oder ein Schüler erzählt in drei Sätzen etwas über sich.
– Die anderen müssen erraten, was davon wahr und was gelogen ist.
– Wer wird Lügenkönigin oder Lügenkönig?

A etwas an den Haaren herbeiziehen

B jemandem ein X für ein U vormachen

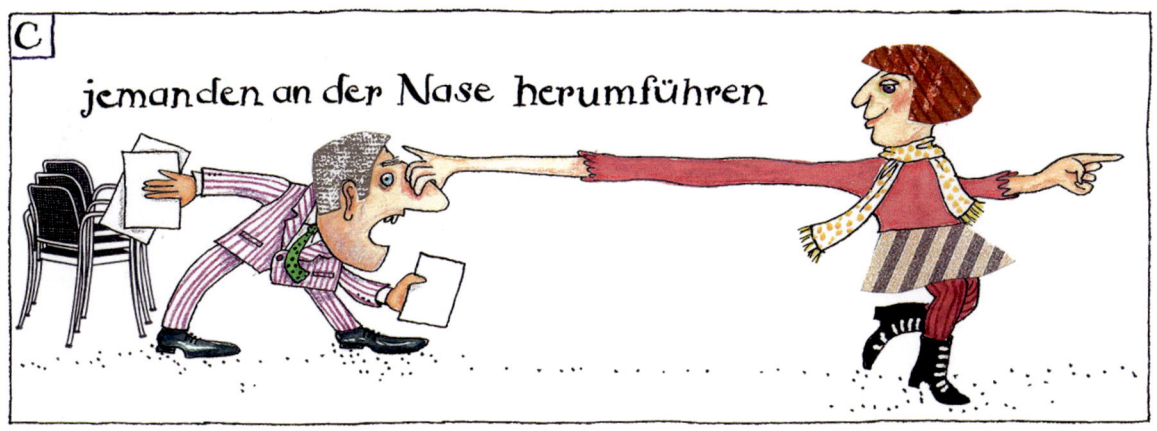

C jemanden an der Nase herumführen

5 Für das **Lügen** gibt es **viele Redensarten.**
Was bedeuten die Redensarten in den Bildern A bis C?
Schreibt zu jedem Bild eine passende Erklärung aus dem Kasten auf.

> jemanden täuschen • eine unpassende, unlogische Erklärung geben • jemanden betrügen •
> jemandem eine falsche Information geben, um einen Vorteil zu haben

6 Es gibt auch **viele Sprichwörter für Lügen.**
Verbindet sie mit der richtigen Erklärung.

Sprichwort	Erklärung
A Lügen haben kurze Beine.	**1** Dein Körper zeigt, wie du dich wirklich fühlst.
B Eine Lüge schleppt zehn andere nach sich.	**2** Wer einmal gelogen hat, muss immer weiter lügen, damit die erste Lüge nicht auffliegt.
C Ein Gähnen lügt nicht.	**3** Lügen lohnt sich nicht, denn die Wahrheit kommt schnell heraus.

7 **a** Male ein Bild zu einem Sprichwort.
b Lass die anderen raten, um welches Sprichwort es sich handelt.

Lügengeschichten lesen und untersuchen

Eine Lügengeschichte verstehen

  Lies die Lügengeschichte.

Heinz Janisch

Münchhausen: Die Schlacht zur Weißen Feder

1 **Der Lügenbaron Münchhausen ist für seine Lügengeschichten**
2 **berühmt. Er hat wirklich gelebt.**

3 Ich bin als Soldat durch viele Länder gezogen, aber ich
4 habe nie auf einen anderen geschossen. […] Es freut mich
5 besonders, dass in Russland einmal alle vor lauter Lachen
6 das Kämpfen vergaßen. Eines Tages wollte ich das ewige
7 Schießen beenden. Dafür besorgte ich mir von einem
8 Bauern dicke Säcke voll mit Gänsefedern. Sie waren so
9 leicht wie Schnee. Ich schlich in der Nacht mit den
10 Säcken zum Lager der feindlichen Armee.
11 Die fremden Soldaten hatten viel gegessen und
12 getrunken. Darum schliefen sie fest und tief und
13 bemerkten mich nicht. Ich ließ alle Kanonenkugeln den
14 Hügel hinabrollen […]. Dann stopfte ich die Kanonen
15 mit Federn voll. Danach schlich ich leise zurück in unser
16 Lager. Auch unsere Kanonen waren voll mit Federn.

17 […] Die ersten Kanonenschüsse am Morgen klangen viel
18 leiser als sonst. Aus den Kanonen auf beiden Seiten kamen keine
19 Kugeln. Weiße Federn schwebten auf uns herab wie Schnee. […]
20 Die Federn waren überall. Die ersten Soldaten mussten bereits
21 lachen, weil die Federn sie kitzelten. Und schon bald saßen alle
22 irgendwo am Boden und hielten sich den Bauch vor Lachen. Das
23 Lachen war ansteckend. Auf dem ganzen Schlachtfeld wurde nur
24 noch gelacht. Und keiner dachte mehr ans Kämpfen. […]
25 Noch Jahre später sollen viele Soldaten von der berühmten
26 „Schlacht zur Weißen Feder" erzählt haben.   [V]

 2 Was stimmt? Prüft zu zweit die Sätze A bis F.
Streicht die falschen Sätze durch.

A Münchhausen hat die Kanonenkugeln mit Federn beklebt.

B Münchhausen stopfte Federn in die Kanonen.

C Der erste Schuss am nächsten Morgen krachte laut durch die Luft.

D Die Soldaten fegten die Federn zusammen und kämpften weiter.

E Die Soldaten saßen am Boden und hielten sich den Bauch vor Lachen.

F Diese Schlacht wurde noch Jahre später „Lügenbaron Münchhausen und
seine berühmte Schlacht" genannt.

Ich ließ alle Kanonenkugeln
den Hügel hinabrollen …

3 Wahrheit oder Lüge? Münchhausen erzählt Dinge, die wahr sein könnten.
Aber er lügt auch.
Wo lügt Münchhausen?

 **a** Lies die Sätze in den Kästen.

 b Kann das, was Münchhausen sagt, wahr sein? Oder ist es gelogen?
Streiche in der Überschrift jeweils weg, was nicht stimmt (wahr/gelogen).

c Suche die Stellen im Text.
Was ist wahr? Markiere farbig im Text.
Was ist gelogen? Markiere mit einer anderen Farbe im Text.

wahr/gelogen	**wahr/gelogen**
1 Münchhausen war Soldat.	**3** In einer Schlacht in Russland vergaßen alle vor Lachen das Kämpfen.
2 Münchhausen wollte den Krieg ohne Kampf beenden.	**4** Der Lügenbaron Münchhausen besorgte dicke Säcke voller Gänsefedern.
	5 Weiße Federn schwebten herab wie Schnee.

Eine Lügenkette untersuchen

 1   Lies die Geschichte.

Hubert Schirneck
Der Verwandlungskünstler

1   **A** Wie alle wissen, hatte ich in meinem Leben schon viele
2   verschiedene Berufe und kann sehr viel: Ich habe Baumhäuser
3   und Schneefärbemaschinen gebaut. Ich habe fliegende Fische
4   dressiert und Zaunkönige unterrichtet.
5   Aber ich war auch ein berühmter Verwandlungskünstler.
6   Ich konnte mich zum Beispiel in einen Fuchs, in eine Blaumeise
7   oder in eine frisch gestrichene Wand verwandeln.

Zaunkönig

8   **B** Eines Tages […] stand ein junger Mann an meiner Tür.
9   Er fragte: „Sind Sie Baldur Borin, der beste Verwandlungskünstler
10   der Welt?" Ich erwiderte: „Ja! Ich bin in vielen Dingen der Beste."
11   Der junge Mann erzählte mir, dass er Erwin hieß und Detektiv
12   werden wollte. Er bat mich, ihm die Kunst der Verwandlung
13   beizubringen: „Damit ich mich unauffällig an die Verbrecher
14   anschleichen kann."

Hallo, ich bin Erwin!

15   **C** Erwin gefiel mir. Und man soll der Jugend helfen.
16   Am Anfang brachte ich ihm bei, wie man sich in einen anderen
17   Menschen verwandelt: Ich zeigte ihm, wie man sich einen Bart
18   anklebt oder wie man eine künstliche Glatze macht.
19   Ich verkleidete ihn zum Beispiel als alte Frau. […]
20   Erwin lernte fleißig. Darum ging ich bald zu den schwereren
21   Übungen über. Sich in einen anderen Menschen zu verwandeln,
22   ist nämlich recht leicht.
23   Viel schwieriger ist es, sich in einen Gegenstand zu verwandeln.
24   Aber als Detektiv muss man das natürlich können. Nach zwei
25   Wochen konnte sich Erwin schon in einen Kleiderständer
26   verwandeln und sogar in eine Wolke. […]

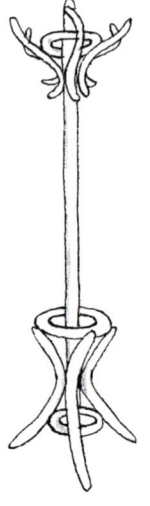

27 **D** Doch er hatte ein Problem: Er konnte sich nicht wieder

28 zurückverwandeln. Einmal war er eine Blumenvase. Für einen

29 Detektiv ist das sehr praktisch: Er kann einfach auf dem Tisch

30 stehen und ganz unauffällig ein Gespräch belauschen. Aber er

31 schaffte die Rückverwandlung nicht. Wenn ich ihm nicht geholfen

32 hätte, dann hätte Erwin den Rest seines Lebens als Blumenvase

33 verbracht. […]

34 Oft erkannte ich ihn gar nicht. Da stand zum Beispiel eine fremde

35 Gießkanne im Garten. Und plötzlich sprach sie mit Erwins Stimme.

36 **E** Mir ging es auf die Nerven, dass er sich nicht zurückverwandeln

37 konnte. […] Also verbot ich ihm, sich zu verwandeln. Und Erwin

38 hielt sich daran, aber leider nicht für immer. Eines Tages

39 verwandelte er sich in ein rosafarbenes Schaf. […] Diesmal

40 verwandelte ich ihn nicht zurück. Er war schließlich selber schuld.

41 Wenn also jemand auf der Straße ein rosa Schaf sieht, dann ist es

42 Erwin. Und daran sieht man, dass die Geschichte vollkommen

43 wahr ist. So wahr ich Baldur Borin heiße. ☒

 2 Was ist falsch? Prüft zu zweit die Sätze 1 bis 3.
Streicht durch, was falsch ist.

1 Der Erzähler Baldur Borin hat schon in vielen Berufen Erfahrungen gesammelt.

2 Ein junger Mann will Detektiv werden.
Baldur Borin soll ihm das Verwandeln beibringen.

3 Baldur Borin ist kein guter Verwandlungskünstler.
Darum klappen manche Versuche nicht.

3 Welche drei Stellen im Text sind auf jeden Fall gelogen?
Markiere sie farbig.
Tipp: Die letzten Sätze in den Absätzen 1, 3 und 4 helfen dir.

4 Die Lügen sind in der Geschichte wie Perlen an einer Kette aufgereiht.
Untersuche die **Lügenkette** in Abschnitt 1 in den Zeilen 1 bis 5 genauer.

a Schreibe in jedes Kettenglied eine Lüge mit Zeilenangabe.

Bau von Schneefärbemaschinen (Z.2)

Dressur fliegender Fische (Z.3)

Unterricht für Zaunkönige (Z.3)

Verwandlung in einen

b Übertrage jedes Kettenglied auf eine eigene Karte.
 c Hänge deine Karten der Reihe nach an eine lange Schnur in der Klasse.
So baust du mit allen aus der Klasse eine lange Lügenkette.

Eine Lügengeschichte untersuchen

1 Lies die Lügengeschichte.

Ingrid Uebe
Münchhausen: Erste Schiffsreise

1 Schon als ganz kleiner Junge machte ich
2 meine erste Schiffsreise. [...]
3 Doch schon bald gab es ein großes
4 Unwetter. Und wir mussten vor einer Insel
5 ankern.
6 An Land suchten wir gleich Schutz unter
7 den Bäumen. Aber ein heftiger Sturm riss
8 sie samt Wurzeln aus. Die Bäume
9 wirbelten wie Vogelfedern bis über die
10 Wolken.
11 Erst als der starke Sturm sich gelegt hatte,
12 stürzten die Bäume wieder herab. Zum
13 Glück landete jeder Baum genau auf
14 seinem alten Platz. Dort schlug er auch
15 gleich wieder Wurzeln. Für uns war das
16 allerdings gefährlich. Wir mussten gut
17 aufpassen, dass uns die schweren Stämme
18 nicht auf den Kopf fielen. Oft sprangen
19 wir erst in letzter Sekunde zur Seite. Solch
20 ein Abenteuer hätte andere Jungen wohl
21 von weiteren Seereisen abgehalten. Aber
22 nicht mich! Meine Sehnsucht, fremde
23 Häfen zu sehen, war einfach zu groß. ⊻

2 Welche Aussagen aus dem Text sind übertrieben oder gelogen?
Kreuze an.

Der Erzähler übertreibt oder lügt, wenn er sagt,

⬚ dass er schon als ganz kleiner Junge seine erste Schiffsreise unternommen hat.

⬚ dass sie wegen eines schlimmen Sturms vor einer Insel ankern mussten.

⬚ dass der Sturm die Bäume mit Wurzeln ausriss und durch die Luft wirbelte.

⬚ dass die Bäume nach dem Sturm wieder genau an ihrem alten Platz landeten.

⬚ dass sie immer erst in letzter Sekunde wegsprangen, um nicht getroffen zu werden.

Einen Vorlesewettbewerb vorbereiten

 1 Lies die Geschichte.

Jo Pestum

Mein rosa Freund

1 **A** An diesem Morgen kam Ina 13 Minuten zu spät zur Schule. [...]
2 „Ina!", sagte Lehrer Theobaldt ärgerlich. „Welche Ausrede hast du
3 dir heute ausgedacht? Hat eure Katze Junge gekriegt? Oder
4 musstest du einen Bankräuber verhaften?" „Vielleicht hat sie ins Bett
5 gemacht und brauchte erst neue Windeln!", kreischte Felix. [...]
6 „Ruhe!", rief Herr Theobaldt. Zu Ina sagte er streng: „Also? Ich höre."

7 **B** Ina blieb ganz ruhig. „Entschuldigen Sie bitte, Herr Theobaldt. Ich
8 komme etwas zu spät, weil ein rosa Mann mit seinem Raumschiff in
9 unserem Garten gelandet ist." Zuerst verschlug es allen die Sprache.
10 Dann brach ein Lachen und Pfeifen los. Was Ina sich immer für
11 Ausreden einfallen ließ! [...] Ulli pinkelte sich vor Lachen in die Hose
12 und Annette wälzte sich am Boden [...]. Das Gesicht vom Lehrer lief
13 dunkelrot an. Als sich die Klasse wieder beruhigt hatte, sagte Herr
14 Theobaldt: „Aha, ich verstehe! Der rosa Mann wollte dich natürlich
15 mit seinem Raumschiff auf den Mond entführen." „Nein", sagte Ina.
16 „Er war ganz freundlich. Er hat mich gefragt, ob ich ihm wohl ein
17 großes Himbeereis kaufen würde. Er hatte ja kein Erdengeld." „Und
18 du hast ihm eins gekauft?", fragte der Lehrer. „Sicher", sagte Ina.
19 „Aber die Eisbude hatte noch nicht auf. Da mussten wir noch etwas
20 warten. Und deswegen komme ich ja auch zu spät." [...]

21 **C** Ina sprach weiter: „Seine Haut, der Raumfahreranzug, alles ist
22 übrigens rosa. Sogar das Raumschiff ist rosa. [...] Es ist ungefähr so
23 groß wie ein VW-Bus. Und der rosa Mann kletterte gerade raus, als
24 ich aus der Tür kam. Da hätte ich vor Angst fast geschrien. Aber er
25 lächelte mich freundlich an und [...] da hatte ich keine Angst mehr
26 vor ihm. Er geht mir ja auch bloß bis zur Nasenspitze. Sein Kopf ist
27 ungefähr so groß wie eine Pampelmuse, und er hat drei Augen. Seine
28 Hände haben 25 Finger und reichen fast bis zur Erde. Lustig, was?"

29 **D** „Furchtbar lustig! Hat er dir auch verraten, von welchem Stern er
30 kommt?", knurrte der Lehrer. […]
31 Die anderen aus der Klasse schrien durcheinander:
32 „Vom Pluto!" – „Der ist der Bruder von E.T.!" – […]
33 „Vom Krieg der Sterne!" – „Von der Sonne!" […]
34 „Nein, vom Stern Sirius!", sagte Ina da. […]
35 „Warum ist dein komischer Freund ausgerechnet auf der Erde
36 gelandet?", fragte Herr Theobaldt.
37 „Weil er so gerne Himbeereis isst. Er hält die Erde für den
38 schönsten Stern im ganzen Weltraum. Aber die Erdenbewohner
39 kann er nicht besonders gut leiden. Sie bauen immerzu Bomben
40 und sind zu doof zum Friedenmachen.
41 Sie machen ihre schöne Erde kaputt. Aber Himbeereis gibt es
42 eben auf keinem anderen Stern, nur auf der Erde."

43 **E** Da schimpfte Herr Theobaldt: „Ina, ich werde mit deinen Eltern
44 sprechen. So geht das nicht weiter. Hat dein rosa Freund
45 inzwischen sein Himbeereis gelutscht und ist schnell wieder
46 gestartet?"
47 „Nein", antwortete Ina.
48 „Ach!", sagte Herr Theobaldt. „Und wo ist er?"
49 „Er steht vor der Tür […]. Er ist nämlich sehr schüchtern."
50 „Jetzt reicht es aber!", schnauzte Herr Theobaldt. Wütend stieß er
51 die Tür auf. Und da stand er, klein und rosa. Er leckte an einem
52 Himbeereis und lachte. Da fiel der Lehrer in Ohnmacht, und man
53 musste einen Krankenwagen kommen lassen.   ☑

2 Glaubt Herr Theobaldt Inas Entschuldigung?
Kreuze an.
Tipp: Lies dafür die Textzeilen 12 bis 15 noch einmal.

☐ ja   ☐ nein

3 Wie reagiert der Lehrer auf Inas Geschichte?
Kreuze dafür die passenden **Adjektive** (Wiewörter) an.
Tipp: Die blauen Textstellen helfen dir.

☐ belustigt   ☐ streng   ☐ freundlich

☐ sauer   ☐ ärgerlich   ☐ ungläubig

4 a Lies den Text noch einmal.
b Welche Textstelle ist deiner Meinung nach gelogen?
Markiere farbig.
c Welche Textstelle gefällt dir besonders?
Markiere mit einer anderen Farbe.

5 Übe das **flüssige Lesen.** Wähle einen Abschnitt (A bis E) aus.
Lies diesen Abschnitt so oft laut, bis du den Text gut lesen kannst.

 1   Welche Situation seht ihr hier?
Beschreibt das Bild.

 2   Wie ist eine Heldin oder ein Held?
Redet über eure Vorstellungen.

1 Die Bilder A bis D zeigen den griechischen Helden Theseus und seine Eltern Aithra und Aigeus.

a Beschreibe das Aussehen von Theseus. Verwende Wörter aus dem Kasten.

> jung •
> stark •
> muskulös •
> kräftig •
> das Schwert •
> der Umhang •
> die Sandalen

Der Held Theseus ist vielleicht _____ Jahre alt.

Er wirkt _____.

Er hat _____.

Er trägt _____.

b Welche Eigenschaften könnte der Held Theseus haben? Schreibe Vermutungen auf.

> ehrgeizig •
> tapfer • klug •
> zielstrebig •
> gerecht • mutig •
> hilfsbereit •
> freundlich

Vermutlich ist Theseus sehr _____, aber auch

_____.

2 Betrachtet die Karte Griechenlands auf der Seite 107.

a Welche Ortsnamen kennt ihr?
Welche werden heute noch verwendet?

b Sind die Aussagen richtig (r) oder falsch (f)?

Troizen liegt am Mittelmeer. (____)

Athen liegt auf der Insel Kreta. (____)

106

3 Lies den Text.

Sagen aus dem antiken Griechenland

1 Die ältesten europäischen Erzählungen stammen aus Griechenland.
2 Dort wurden sie 700 Jahre vor Christus aufgeschrieben.
3 Als mündliche Erzählungen gab es sie schon vor 3000 bis 4000 Jahren.
4 In den Sagen geht es oft um Kämpfe zwischen Göttern, Halbgöttern,
5 Fantasiewesen und Menschen.

 4 Auf den folgenden Seiten untersuchst du Sagen aus
dem antiken Griechenland.
Beantworte folgende Fragen zum Text von Aufgabe 3.
Tipp: Die markierten Textstellen helfen dir.

Aus welcher Zeit stammen die Sagen?

Worum geht es in den Sagen?

Eine antike Sage verstehen

Einen Sagenhelden kennen lernen

 1 Lies die Sage.

Über die Kindheit und die Jugend des Helden Theseus

1 Im antiken Griechenland wohnte
2 damals die schöne Königstochter
3 Aithra in der Stadt Troizen. Aigeus
4 war der König von Athen und
5 besuchte eines Tages die Stadt
6 Troizen. Die beiden verliebten sich
7 und verbrachten eine Nacht
8 zusammen. Am nächsten Morgen
9 führte Aigeus seine Geliebte zu
10 einer Bucht am Meer.
11 Dort lag ein großer Felsbrocken. „Sieh her!", sagte er zu Aithra.
12 Dabei stemmte er mühsam den schweren Felsbrocken hoch. Dann legte er sein Schwert
13 und seine Sandalen unter den Felsen. „Wenn du einen Sohn von mir bekommst, dann
14 zeig ihm diesen Felsen. Wenn er stark genug ist, den Felsbrocken anzuheben, soll er zu
15 mir nach Athen kommen. An dem Schwert und an den Sandalen werde ich ihn
16 erkennen." Anschließend reiste Aigeus zurück nach Athen.
17 Tatsächlich bekam Aithra einige Zeit später einen Sohn. Sie nannte ihn Theseus. […]
18 Schon mit acht Jahren war er stärker und mutiger als alle anderen Jungen in seinem
19 Alter. […] Als Theseus immer stärker wurde, ging seine Mutter Aithra mit ihm zu dem
20 Felsbrocken am Meer. Sie erzählte ihm von seinem Vater Aigeus. Theseus rollte den
21 Felsen mit seinen Händen beiseite und zog das Schwert und die Sandalen darunter
22 hervor. Dann verabschiedete er sich von seiner Mutter. Er legte das Schwert um, zog
23 die Sandalen an und machte sich auf den Weg nach Athen zu seinem Vater. Dabei fuhr
24 er nicht mit dem Schiff über das Meer, sondern wählte den gefährlicheren Landweg.
25 Er hatte gehört, dass auf diesem Weg Räuber und wilde Untiere hausten. Sie töteten
26 unschuldige Reisende. Darum wollte er sie besiegen und unschädlich machen.
27 Zuerst traf er auf einen gefährlichen Räuber. Dieser erschlug ahnungslose Reisende mit
28 seiner eisernen Keule. Dann raubte er sie aus. Theseus besiegte den Räuber und nahm die
29 eiserne Keule mit. Er begegnete noch anderen Räubern und Riesen. Auch Untiere wie
30 einen riesigen Stier und eine gefährliche Wildsau besiegte er, bevor er Athen erreichte. Ⓥ

 **2** Beantwortet abwechselnd die Fragen A bis D.
Tipp: Achtet auf die markierten Textstellen.
Die Partnerin oder der Partner prüft und ergänzt jeweils die Antwort.
A Warum hat Aigeus die Sandalen und das Schwert unter dem Felsen versteckt?
B Wie reiste Theseus von Troizen nach Athen?
C Welchen Weg ging Theseus von Troizen nach Athen?
   Zeichne den Weg auf der Landkarte (Seite 107) ein.
D Welche Heldentaten vollbrachte Theseus auf dem Weg nach Athen?

Die Merkmale von Sagen untersuchen

1 Lies die Sage.

Theseus kämpft gegen den Minotaurus

1 **1** Als Theseus in Athen ankam, hatten die Menschen in der Stadt schon
2 von seinen Heldentaten gehört. Sie jubelten: „Hier kommt Theseus!"
3 Auch sein Vater, König Aigeus, war beeindruckt von den mutigen
4 Taten des jungen Mannes. Er lud Theseus zu sich ein.
5 Theseus zeigte ihm sein Schwert und seine Sandalen. […] Da erkannte
6 Aigeus seinen Sohn und war überglücklich.

7 **2** Aigeus berichtete Theseus verzweifelt von seinen Sorgen. Athen wurde
8 von Minos erpresst und Aigeus suchte nach einem Ausweg. Minos war
9 der König der griechischen Insel Kreta.
10 Er verlangte alle neun Jahre von den Athenern sieben junge Männer
11 und sieben junge Frauen. Er wollte sie als Futter für den Minotaurus
12 haben. Der Minotaurus war ein großes Ungeheuer, halb Mensch und
13 halb Stier. Er wurde in einem Labyrinth auf Kreta gefangen gehalten.
14 Und sollte König Aigeus die sieben jungen Männer und Frauen nicht
15 schicken, würde die Pest* nach Athen kommen. Darum wollte König
16 Minos den Göttervater Zeus dann bitten.

17 **3** Gerade hatten die Athener wieder vierzehn Opfer ausgelost.
18 Theseus beschloss, diese Gruppe nach Kreta zu begleiten. Er wollte
19 gegen den Minotaurus kämpfen und die Erpressung beenden.

20 **4** Bevor Theseus aufbrach, begab er sich zum Heiligtum der Aphrodite.
21 Aphrodite war die Göttin der Liebe. Theseus bat die Göttin um Erfolg
22 für seine Reise. Er wusste nicht, wie er den Minotaurus besiegen
23 könnte. Dann bestieg er gemeinsam mit den vierzehn Männern und
24 Frauen das Schiff nach Kreta. Die Segel des Schiffes waren aus
25 schwarzem Stoff. Sie dachten alle, dass sie in den Tod fahren würden.
26 Zum Abschied sagte Theseus zu seinem Vater: „Wenn das Schiff
27 zurückkommt und die Segel noch schwarz sind, hat der Minotaurus
28 auch mich verschlungen. Wenn das Schiff aber weiße Segel gesetzt
29 hat, habe ich den Minotaurus besiegt und alle sind frei."

30 **5** In Kreta wurden Theseus und die vierzehn Männer und Frauen sofort
31 zu König Minos geführt. Ariadne war die kluge Tochter des Königs.
32 Ihr gefiel der schöne, starke Theseus sofort. Sie verliebte sich in ihn.
33 Das lag an der Liebesgöttin Aphrodite. Sie wollte Theseus auf diese
34 Weise helfen. In der Nacht schlich Ariadne heimlich zu dem Ort,
35 wo die Athener gefangen gehalten wurden. Sie flüsterte Theseus zu:
36 „Der Minotaurus lebt in einem riesigen Labyrinth. Ihr werdet euch
37 verirren und verhungern, auch wenn ihr das Ungeheuer tötet."
38 Dann reichte sie ihm ein Wollknäuel durch das Gitter und sagte:
39 „Binde den Faden des Knäuels am Eingang fest und wickele es beim
40 Gehen ab. So wirst du den Ausgang des Labyrinths wiederfinden."

* sehr
ansteckende,
tödliche
Krankheit

41 **6** Am nächsten Tag wurden die Athener in das Labyrinth geführt.

42 Theseus befolgte Ariadnes Rat. Er band den Wollfaden am Eingang fest

43 und machte sich auf die Suche nach dem Minotaurus.

44 Das Ungeheuer hatte schon laut brüllend auf die Opfer gewartet.

45 Doch Theseus stieß dem überraschten Minotaurus das Schwert direkt

46 ins Herz. Der fiel tot zu Boden.

47 Theseus wickelte den Faden des Wollknäuels wieder auf und führte

48 die Athener aus dem Labyrinth. ⅴ

2 Welche Beziehungen haben die Figuren in der Sage zueinander?
Beschrifte die Pfeile, zum Beispiel: verwandt, verfeindet, bewundert, verliebt ...
Ergänze **Eigenschaften** und **Ziele** der Figuren.
Tipp: Die markierten Stellen im Text helfen.

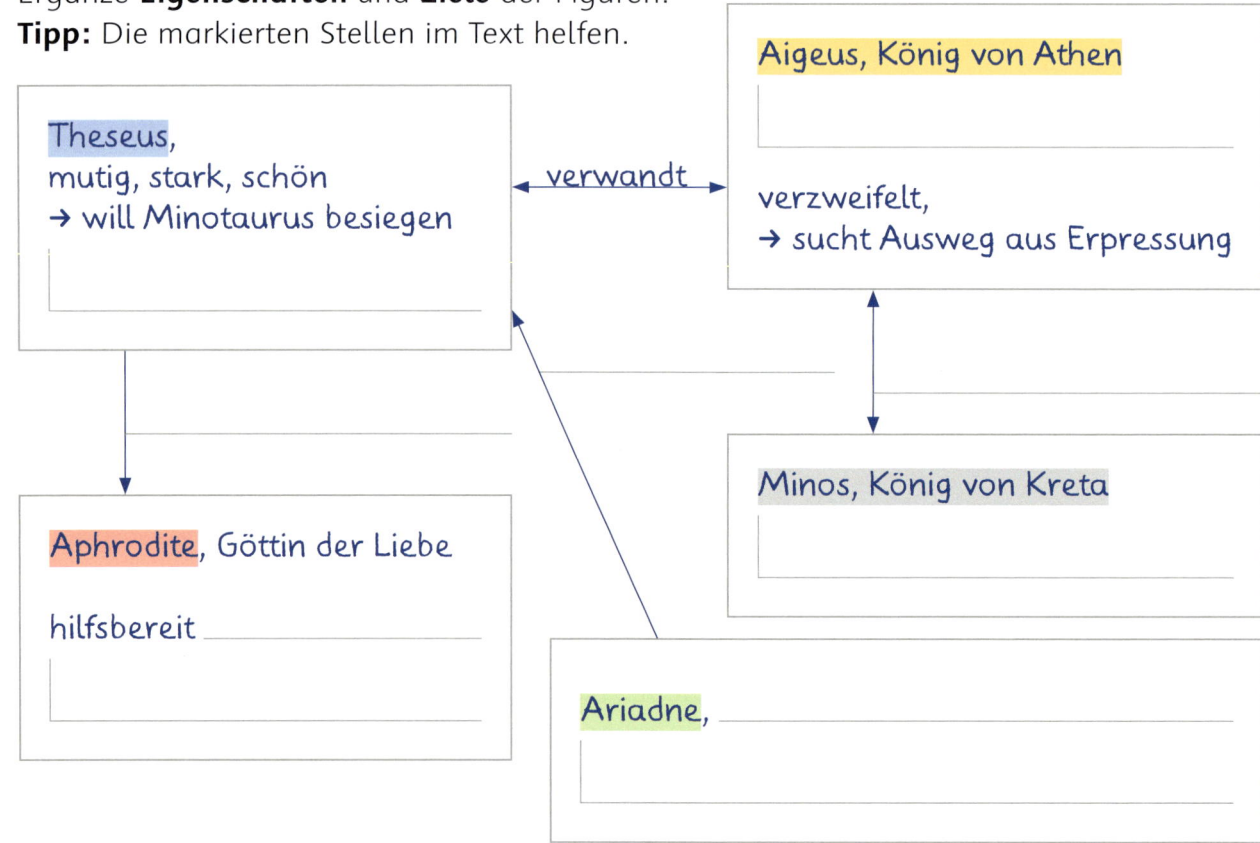

Theseus,
mutig, stark, schön
→ will Minotaurus besiegen

← verwandt →

Aigeus, König von Athen

verzweifelt,
→ sucht Ausweg aus Erpressung

Minos, König von Kreta

Aphrodite, Göttin der Liebe

hilfsbereit

Ariadne,

3 Ist Theseus ein **Einzelheld** oder war es **Teamwork?**
Welcher Bewertung A–C stimmt ihr zu?

A Theseus ist der Held in dieser Sage.

B Die echte Heldentat vollbringt nicht Theseus, sondern Ariadne.

C Der Sieg über den Minotaurus ist eigentlich eine gemeinsame Heldentat von Theseus, Ariadne und der Liebesgöttin Aphrodite.

> **Die Sage**
> – Sagen sind **Erzählungen** mit einem **wahren Kern.**
>   Es kommen oft **wirkliche Orte, Personen** oder **Begebenheiten** vor (z. B. Könige, Kriege).
> – Sagen wurden früher **mündlich weitererzählt** und erst später aufgeschrieben.
> – Die **Sagen aus dem antiken Griechenland** handeln von **Göttern, Helden, Menschen und Fantasiewesen.** Sie müssen gegeneinander kämpfen oder Aufgaben lösen.

Eine Sage verstehen und Sagenmerkmale nachweisen

1 **a** Lies die Sage.

Theseus' Rückkehr nach Athen

1 Theseus fand durch den Wollfaden den Weg aus dem Labyrinth.
2 Er schlich mit den vierzehn jungen Männern und Frauen zum Hafen.
3 Sie schlugen Löcher in die Schiffe der Kreter. So konnte sie keiner bei ihrer
4 Flucht von Kreta nach Athen verfolgen. Ariadne hatte am Hafen auf Theseus
5 gewartet. Sie wollte Kreta verlassen und mit Theseus nach Athen gehen.
6 Aber Theseus hatte einen Traum. Da erfuhr er, dass Ariadne schon die
7 Ehefrau des Gottes des Weines werden sollte. Theseus durfte Ariadne nicht
8 dem Zorn der Götter aussetzen. Deshalb mussten sie sich trennen.
9 Er ließ sie schlafend auf der Insel Naxos zurück. Auf seiner Heimreise dachte
10 er viel an Ariadne. Dabei vergaß er, die schwarzen Segel auf dem Schiff
11 durch weiße zu ersetzen.
12 Von einem hohen Felsen aus schaute König Aigeus auf das Meer. Er erkannte
13 am Horizont das Schiff mit den schwarzen Segeln. Da glaubte er, sein Sohn
14 Theseus und die vierzehn jungen Athener wären auf Kreta umgekommen. So
15 stürzte er sich voller Verzweiflung ins Meer. Dieses Nebenmeer des
16 Mittelmeers wird bis heute nach ihm „Ägäisches Meer" genannt.

b Sind die Aussagen **richtig** oder **falsch?**
Kreuze die **richtigen Aussagen** an.
Tipp: Die Buchstaben vor den richtigen Aussagen ergeben ein Lösungswort.

☐ **SC** Theseus zerstörte Schiffe, weil er ohne Verfolger fliehen wollte.

☐ **RE** Ariadne versuchte Theseus zu überreden, bei ihr zu bleiben.

☐ **AT** Theseus verließ Ariadne, weil er sie nicht liebte.

☐ **HI** Theseus ließ Ariadne auf der Insel Naxos zurück.

☐ **FF** König Aigeus glaubte, Theseus wäre tot. Darum sprang er ins Meer.

2 **a** Woran erkennt ihr, dass es sich bei der Erzählung um eine Sage handelt?
Schreibe A bis C passend in die Kästen der folgenden drei Sagenmerkmale.

| **1** Die **Helden** finden kluge Lösungen für ihre Aufgaben. ☐ | **2** Die Sage handelt von **Helden, Göttern und Menschen.** ☐ | **3** Die Handlung spielt an **Orten, die es wirklich gibt.** ☐ |

A Sie schlugen Löcher in die Schiffe der Kreter, so konnte sie keiner verfolgen.
B Die Flucht von Kreta nach Athen gelang.
C Ariadne sollte schon die Ehefrau des Gottes des Weines werden.

b Vergleicht eure Lösungen mit einer Partnerin oder einem Partner.

Ortssagen nacherzählen

Eine Sage mündlich nacherzählen

1 **a** Lies die Sage.

Richmodis von Aducht

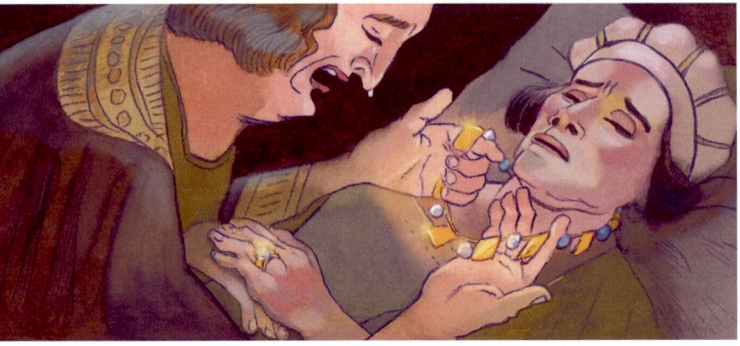

1 **1** Im 14. Jahrhundert lebte in
2 Köln am Neumarkt die reiche
3 Familie von Aducht.
4 Herr von Aducht und seine
5 Frau Richmodis liebten sich
6 sehr. Dann brach 1357 in
7 ihrer Stadt die Pest aus.
8 Das ist eine sehr ansteckende,
9 tödliche Krankheit.
10 Sie versetzte die Menschen in Angst und Schrecken.
11 Alle blieben in ihren Häusern. Niemand traf sich mehr mit Nachbarn
12 oder Freunden.
13 **2** Trotzdem erkrankte Richmodis von Aducht. Zuerst war ihr nur kalt.
14 Dann bekam sie hohes Fieber und auf ihrer Haut bildeten sich dunkle
15 Flecken.
16 Herr von Aducht ließ einen Arzt kommen. Der Arzt stellte fest, dass
17 Richmodis an der Pest erkrankt war. Er saß noch an ihrem Bett, als ihr
18 Körper plötzlich steif wurde. Ihre Stirn fühlte sich auf einmal kalt an.
19 Bedrückt ging der Arzt zu Herrn von Aducht. Er sagte: „Es tut mir sehr
20 leid. Ihre Frau ist soeben gestorben."
21 Herr von Aducht brach weinend am Bett seiner Frau zusammen.
22 „Meine geliebte Richmodis. Du warst mein größter Schatz!",
23 schluchzte er immer wieder.
24 Er legte ihr eine goldene Halskette um. Und den kostbaren Ring mit
25 Edelsteinen ließ er auch an ihrem Finger. Dann rief er zwei
26 Totengräber, denn niemand sollte sich anstecken.
27 **3** Die Totengräber legten Richmodis in den Sarg und trugen sie zur
28 Familiengruft* […]. Nach getaner Arbeit meinte der eine Totengräber:
29 „Hast du den Schmuck dieser Frau gesehen? Wir sollten ihn nicht in
30 der Gruft verrotten lassen!"
31 „Ja, du hast recht", stimmte der andere ihm zu. „Wir müssen diese
32 gefährliche Arbeit machen. Und dort in der Gruft liegen Gold und
33 Edelsteine, die niemand mehr braucht." Sie beschlossen, den Schmuck
34 in der Nacht zu stehlen.
35 **4** Um Mitternacht trafen sie sich auf dem Friedhof. Leise stiegen sie in
36 die Familiengruft und hebelten den Sarg auf. Dann wollten sie
37 Richmodis den kostbaren Ring vom Finger ziehen. Doch in dem
38 Moment stöhnte sie laut und schlug die Augen auf. Die Totengräber
39 erstarrten vor Schreck. Sie ließen die Laterne fallen und rannten Hals
40 über Kopf davon.

* Raum auf
dem Friedhof
für die Särge
einer Familie

41 **5** [...] Richmodis stieg erschrocken aus dem Sarg und schleppte sich
42 zu ihrem Haus am Neumarkt. Aber dort waren die Türen versperrt.
43 Sie musste lange klopfen, bis ein Diener kam und fragte: „Wer ist da?"
44 Da rief sie mit schwacher Stimme: „Ich bin es, Richmodis!"
45 Der Diener erkannte ihre Stimme. Sofort rannte er ins Schlafzimmer
46 seines Herrn und schrie: „Herr, Herr, Frau Richmodis steht unten vor
47 dem Tor!"
48 Herr von Aducht rief ärgerlich: „Du Dummkopf, du hast wohl schlecht
49 geträumt! Eher glaube ich, dass meine beiden Pferde auf den
50 Dachboden steigen und von dort auf die Straße hinabschauen!" [...]
51 Da sah Herr von Aducht, wie seine beiden Pferde die Treppen hinauf
52 zum Dachboden trampelten. Er schrie: „Ein Wunder ist
53 geschehen!", und rannte zur Haustür. Dort stand Richmodis.
54 Sie zitterte vor Kälte, war aber lebendig.
55 Herr von Aducht nahm sie überglücklich in die Arme. [...]
56 Und bald wurde Richmodis wieder völlig gesund.
57 Heute sieht man in Köln am Neumarkt in der Richmodstraße zwei
58 Pferdeköpfe aus einem Turm herausschauen. Und wenn ein Kölner
59 etwas nicht glaubt, sagt er noch heute:
60 „Ja, ja und am Neumarkt zwei Pferdeköpfe!" ☑

b Lies die Sage noch einmal abschnittsweise.
c Beantworte nach jedem Abschnitt die Fragen zum Text.

1 Wer lebte in Köln am Neumarkt?

Was ist die Pest?

Wann war die Pest?

2 Was tat der Mann von Richmodis, als er dachte, seine Frau sei gestorben?

3 Warum wollten die Totengräber die Gruft nachts wieder öffnen?

4 Was passierte, als sie den Ring vom Finger ziehen wollten?

5 Was rief Herr von Aducht zu dem Diener?

Eine Sage schriftlich nacherzählen

 1   Lies die Sage.

Der Schatz vom Weidenhof

1 **1** Vor langer Zeit stand ein prächtiger Gutshof in der Nähe der Stadt Schwerte.
2   Er lag einsam im Wald und hieß Weidenhof. Dort lebte eine reiche,
3   junge Frau. Sie war sehr geizig. Die Bauern mussten ihr viel zu viel
4   Pacht* zahlen. Mit dem vielen Geld richtete sie einige Zimmer des
5   Gutshofs sehr prächtig ein. [...] Den Schlüssel zu den Zimmern versteckte
6   sie im Keller. Dort standen weitere wertvolle Dinge. Doch sie konnte
7   diesen Reichtum nur kurz genießen. Denn sie starb sehr jung und
8   der Gutshof verfiel. [...]

9 **2** Ein junger Mann aus Schwerte sah eines Abends im Wald plötzlich eine junge
10   Frau. Sie leuchtete weiß. Erschrocken fragte er: „Was willst du von mir?"
11   Sie antwortete: „Wenn du mich erlöst, schenke ich dir einen Schatz."
12   Sie zeigte auf eine Stelle im Boden und befahl: „Beginne, dort zu graben!"
13   Wenig später sah der junge Mann unter der Erdoberfläche das Türschloss
14   einer Kellertür. Sie öffnete sich wie von Zauberhand. Er ging hinein und
15   fand die herrlichsten Schätze.

16 **3** Hastig stopfte er sich die Taschen voll. Die weiße Jungfrau aber rief
17   eindringlich: „Vergiss nicht, das Beste mitzunehmen!" Er dachte, er solle
18   nur Gold statt Silber mitnehmen. Als er schließlich den Keller verließ, fiel
19   die Tür hinter ihm ins Schloss. Die weiße Jungfrau klagte: „Du hast
20   vergessen, den Schlüssel mitzunehmen. Mit dem Schlüssel hättest du mich
21   erlösen können. Und du selbst wärst ein reicher Mann geworden."
22   Da stand er plötzlich mit leeren Händen da. [...]

23 **4** Noch heute kann man in manchen Nächten im Wald bei Schwerte
24   das Seufzen und Weinen der weißen Jungfrau hören.   ⊻

> * das Geld, das die Bauern für die Nutzung des Bodens bezahlen

2   In einer Nacherzählung sollst du die Handlung **mit eigenen Worten aufschreiben**. Du darfst **nicht aus dem Text abschreiben**.
Schreibe die Nacherzählung vom **1. Abschnitt** der Sage „Der Schatz vom Weidenhof" ins Heft.
Nutze die Stichpunkte auf der Karteikarte.
Beginne so:
Vor langer Zeit lebte in der Nähe der Stadt Schwerte eine junge Frau auf einem Gutshof.
Er lag weit entfernt von der Stadt in einem ...
Die Frau war geizig und ...

1. Abschnitt: Zeilen 1–8
- geizige, reiche Frau lebte auf Gutshof bei Schwerte
- Weidenhof weit entfernt in einem einsamen Wald
- forderte von den Bauern zu viel Geld
- richtete ihre Zimmer prächtig ein
- konnte ihren Reichtum nicht lange genießen
- starb sehr früh

💬 **1** Beschreibt das Bild.
  – Welche Tiere begegnen sich?
  – Wie sehen die Tierpaare aus?

💬 **2** Beantwortet die Fragen.
  – Worüber könnten sich die Tierpaare unterhalten?
  – Worüber könnten sich die Tierpaare streiten?
  – Wie könnten die Begegnungen enden?

1 Eine Fabel in fünf Bildern!

a Sieh dir die Bilder an.

b Beantworte die Fragen in deinem Heft.
   A Welche Tiere begegnen sich?
   B An welchem Ort begegnen sie sich?

c Vervollständige die Sätze in deinem Heft.
   Ein Rabe saß auf einem Baum und hatte ein Stück …
   Der Fuchs roch den köstlichen …
   Da sprach der Fuchs: „Wenn Ihr Gesang …"
   Der Rabe fühlte sich geschmeichelt und begann zu singen.
   Dabei fiel …
   Der Fuchs freute sich diebisch über seine Beute und meinte:
   „Danke für die …"

2 **a** Wie verhalten sich Fuchs und Rabe?
Wähle passende Adjektive vom Rand aus.
Schreibe auf die Linien.

Fuchs: _____

Rabe: _____

listig • gutgläubig •
schlau • ehrlich •
geschmeichelt •
traurig • triumphierend

b Bewerte das Verhalten von Fuchs und Rabe.
Wähle passende Adjektive vom Rand aus.
Schreibe auf die Linien.

Fuchs: _____

Rabe: _____

naiv • unschuldig •
falsch • gerissen

Merkmale von Fabeln kennen lernen
Den Aufbau einer Fabel untersuchen

1 **a** Lies den Text.

Äsop*   * Äsop war ein Fabeldichter.

Vom Fuchs und Hahn

Ausgangssituation

1 Ein hungriger Fuchs kam einmal in ein
2 Dorf. Er fand dort einen Hahn.

Konflikt

3 Er sagte zu ihm: „O mein Herr Hahn,
4 was für eine schöne Stimme hat dein
5 Herr Vater gehabt! Aus diesem Grunde
6 bin ich zu dir hierhergekommen, weil ich
7 deine Stimme hören möchte. Ich bitte
8 dich, dass du mir mit lauter Stimme
9 vorsingst. Damit ich hören kann, ob du
10 eine schönere Stimme hast als dein
11 Vater."
12 Da plusterte der Hahn sein Gefieder auf.
13 Mit geschlossenen Augen fing er an, so
14 laut zu krähen, wie er nur konnte. Kaum
15 aber hatte der Hahn angefangen zu
16 **krähen,** sprang der Fuchs auf. Er **fing**
17 **den Hahn und trug ihn in den Wald.**

Lösung

18 Als das die Bauern bemerkten, liefen sie
19 dem Fuchs nach und riefen: „Der Fuchs
20 hat unseren Hahn gestohlen!" Der Hahn
21 sprach zu dem Fuchs: „Hörst du, Herr
22 Fuchs, was die groben Bauern sagen?
23 So antworte du ihnen doch: ‚Ich trage
24 meinen Hahn und nicht den euern.'
25 Da ließ der Fuchs den Hahn los und
26 sprach: „Ich trage meinen Hahn, er
27 gehört doch nicht euch."
28 Sofort aber **flog der Hahn auf einen**
29 **Baum** und rief von dort oben hinunter:
30 „Du lügst, Herr Fuchs, du lügst! Ich bin
31 der Hahn der Bauern und gehöre nicht
32 dir!" [...] [V]

b Was sagt der Fuchs? Was denkt der Fuchs?
Schreibe auf die Linien.

1 Ich bitte dich, dass _____ .

2 Wenn der eingebildete Hahn

anfängt zu _____ ,

dann kann ich _____

_____ .

> **Tipp 1:**
> Lies auf Seite 128
> die Zeilen 7 bis 9.

> **Tipp 2:**
> Lies auf Seite 128
> die Zeilen 16 bis 17.

c Was sagt der Hahn? Was denkt der Hahn?
Schreibe auf die Linien.

3 So antworte du ihnen doch, _____

_____ .

4 Wenn der Fuchs das sagt, kann ich

_____ .

> **Tipp 3:**
> Lies auf Seite 128
> die Zeilen 23 bis 24.

> **Tipp 4:**
> Lies auf Seite 128
> die Zeilen 28 bis 29.

2 a Der Fuchs ist hungrig. Er will den Hahn fangen.
Wie verhält er sich? Wähle passende Wortgruppen am Rand aus.
Schreibe in dein Heft.

b Der Hahn ist gefangen. Er will sich befreien.
Wie verhält er sich? Wähle passende Wortgruppen am Rand aus.
Schreibe in dein Heft.

> **Die Fabel**
> Eine Fabel ist eine **kurze Erzählung.**
> Aus einer Fabel soll man eine **Lehre** für das eigene Verhalten ziehen.

**Aufgabe 2a und b,
manches gilt für
beide Tiere:**
überredet das
andere Tier •
schmeichelt dem
anderen Tier •
erklärt nicht seine
Absicht

c Was kannst du aus der Fabel lernen?
Kreuze an.

☐ Wer andern eine Grube gräbt, fällt selbst hinein.

☐ Der Klügere gibt nach.

Über die Lehre einer Fabel nachdenken

1 Beschreibt das Bild zusammen mit einer Partnerin oder einem Partner.

a In welcher Situation befindet sich der Löwe?

b Könnte die Maus dem Löwen helfen?

c Lies die Fabel.

Äsop

Der Löwe und das Mäuschen

1 Ein Mäuschen lief über einen schlafenden Löwen.
2 Der Löwe erwachte. Er ergriff das Mäuschen mit seinen
3 gewaltigen Tatzen*.

* Füße des Löwen

4 Das Mäuschen flehte**: „Verzeihe mir meine Unvorsichtigkeit.
5 Schenke mir mein Leben. Ich will dir ewig dankbar sein. Ich habe
6 dich nicht stören wollen." Großmütig schenkte der Löwe ihm die
7 Freiheit und sagte lächelnd zu sich: „Wie will ein Mäuschen
8 einem Löwen dankbar sein?"

** um etwas bitten

9 Kurze Zeit darauf hörte das Mäuschen das fürchterliche Gebrüll
10 des Löwen. Neugierig lief es zu ihm hin und fand seinen
11 Wohltäter in einem Netz gefangen. Sofort zernagte es einige der
12 Knoten des Netzes, sodass der Löwe mit seinen Tatzen die
13 übrigen Maschen zerreißen konnte.
14 Auf diese Weise dankte das Mäuschen dem Löwen für seine
15 Großzügigkeit. Selbst unbedeutende Menschen können sich
16 bisweilen für Wohltaten bedanken. Behandle deshalb auch den
17 Geringsten nicht übermütig***.   ⊻

*** überheblich

2 Vergleicht den Inhalt der Fabel mit euren Überlegungen zu
Aufgabe 1 a und b.

3 Wie verhalten sich der Löwe und die Maus?
Welche Eigenschaften haben die Tiere? Ergänze die Tabelle.

> groß • unvorsichtig • schwach • undankbar • müde • eingebildet

Löwe	Maus
vorsichtig	
	klein
	bescheiden
	dankbar
	wach
mächtig	

4 Untersuche den Aufbau der Fabel.
Bestimme die drei Sinnabschnitte. Notiere die Zeilennummern.

Die Tiere werden vorgestellt. Die Situation wird beschrieben.

Abschnitt 1: Zeilen _____

Ein Tier fordert das andere heraus und überlistet es.

Abschnitt 2: Zeilen _____

Der Konflikt wird gelöst.

Abschnitt 3: Zeilen _____

5 Was kann der Löwe aus der Begegnung mit der Maus lernen?
Ergänze die Lehre.
Tipp: Lies die Zeilen 12 bis 13.

Behandle deshalb auch den _____ nicht

_____ .

Die Merkmale von Fabeln untersuchen

1 **a** Lies die Fabel.

nach Äsop
Der Löwe und die Mücke

1 **1** Eine Mücke umschwirrte frech einen Löwen. Sie forderte ihn zum
2 Zweikampf heraus.

b Welche **Tiere** werden vorgestellt? Markiere in Abschnitt 1.
c Was will die Mücke? Markiere in Abschnitt 1.

3 **2** „Auch wenn andere Angst vor dir haben, ich fürchte dich nicht, du
4 großes Ungeheuer", zischte die Mücke dem Löwen übermütig* zu.　　* überheblich
5 Der Löwe gähnte gelangweilt: „Was sirrst** du hier herum? Ich kann　** fliegst
6 dich kaum sehen und du willst kämpfen? Wenn ich dich fresse, spüre
7 ich nicht einmal etwas auf der Zunge."
8 Die Mücke antwortete: „Du kannst doch nichts außer Kratzen und
9 Beißen, so wie jeder Feigling, wenn er mit einem Tapferen kämpft.
10 Jetzt aber sollst du merken, dass ich trotzdem stärker bin als du!"

d Die Mücke ist frech. Was denkt sie? Schreibe in die Denkblase.
Tipp: Lies die farbig markierten Textstellen.

Ich bin ...

e Der Löwe ist gelangweilt.
Was denkt er? Schreibe in die Denkblase.
Tipp: Lies die Zeilen 5 bis 7.

11 **3** Mit diesen Worten flog die Mücke in eines seiner Nasenlöcher.
12 Sie stach ihn so sehr, dass er sich vor Schmerz selbst die Krallen durchs
13 Gesicht zog und klagend seine Niederlage gestand.
14 **4** Stolz flog die Mücke davon, um überall ihren Sieg zu verkünden.
15 Jedoch übersah sie bei ihrem Flug das zarte Netz einer
16 Spinne und verfing sich darin. Gierig umarmte die Spinne
17 die Mücke und saugte ihr das Heldenblut aus.　☑

Fabeln selbst erzählen

Eine Fabel zu Bildern schreiben

👁 **1** **a** Sieh dir die Bilder an.
✏ **b** Ergänze den Text neben den Bildern.
Schreibe auf die Linien.

Der Affe als Schiedsrichter

Ein Hund und ein Fuchs sahen bei einem Spaziergang eine Wurst.

Wie wild stürzten sie sich darauf, denn sie

hatten beide großen _____.

Hund und Fuchs zerrten von beiden Seiten

_____.

Da kam der kluge Affe und sagte:

„Ich kann euch _____."

Hund und Fuchs gaben _____

_____.

Der Affe schnitt _____

_____ die Wurst

in zwei Stücke.

Der Affe sagte: „Die Waage ist nicht im

Gleichgewicht.

Ich muss _____."

Der Affe biss _____.

Dem Hund tropfte _____

_____.

Dann legte der Affe beide Wurststücke

_____.

Hund und Fuchs schauten _____,

denn nun war die Waage wieder

_____.

Der Affe biss so lange von den

Wurststücken ab, bis _____

_____

_____."

Der Affe legte sich _____

_____.

Hund und Fuchs schlichen _____

_____.

Die Lehre: _____

_____

_____

Bild 9:
Wähle eine passende Lehre aus:
Traue nie dem Urteil eines anderen. •
Wenn zwei sich streiten, freut sich der Dritte. •
Unterschätze nicht die Klugheit eines Affen.

💬 **1** Welche Jahreszeit mögt ihr am liebsten?
Was macht ihr dann gerne? Sprecht darüber.

> Ich mag den Frühling, weil …

> Im Sommer kann ich …

> Im Winter kann ich …

> Ich mag den Herbst, weil …

bunte Blumen • Schlitten fahren •
Drachen steigen lassen •
die Blätter werden bunt •
es wird wieder grün •
schwimmen gehen • Eis essen •
eine Schneeballschlacht machen

📖 **2** Lies die Lieder. Kennst du sie?

1 Der Herbst, der Herbst, der Herbst ist da!
2 Er bringt uns Wind, hei hussassa!
3 Schüttelt ab die Blätter,
4 bringt uns Regenwetter.
5 Heia hussassa, der Herbst ist da! […]

1 A B C,
2 die Katze lief im Schnee.
3 Und als sie dann nach Hause kam,
4 da hat sie weiße Stiefel an,
5 O je-mi-ne, o je-mi-ne,
6 die Katze lief im Schnee.

Mascha Kaléko

Die vier Jahreszeiten

1 Der Frühling

1 Mit duftenden Veilchen komm ich gezogen,
2 Auf holzbraunen Käfern komm ich gebrummt,
3 Mit singenden Schwalben komm ich geflogen,
4 Auf goldenen Bienen komm ich gesummt.
5 Jedermann fragt sich, wie das geschah:
6 Auf einmal bin ich da!

3 Der Herbst

1 Ich bin, das läßt sich nicht bestreiten,
2 Die herbste aller Jahreszeiten:
3 Raue Winde, scharf wie Säbel,
4 Welke Wälder, graue Nebel.
5 Die Vögel klagen leise, leise
6 Und gehen auf die Winterreise.
7 Dann lischt die Sommersonne aus.
8 Holt eure Gummischuhe raus!

1 **a** Sieh dir die Cluster zu den Jahreszeiten **Frühling** und **Herbst** an.

b Welche Wörter kannst du noch dazuschreiben? Übernehme die Cluster in dein Heft. Schreibe passende Wörter aus dem Kasten dazu.

die Tulpe • die Hitze • im See baden • bunt • das Lagerfeuer • der Schnee

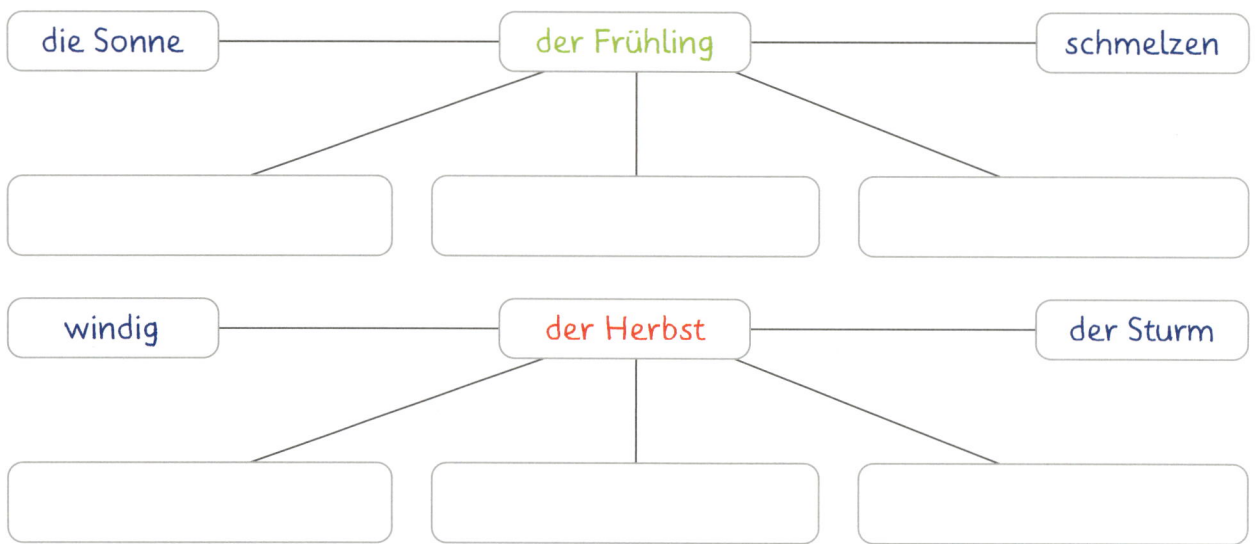

2 Lies die zwei Gedichtstrophen **Der Frühling** und **Der Herbst**. Ordne die markierten Wörter dem passenden Cluster zu.

144

2 Der Sommer

1. Ich bin der Sommer. In erbsgrünen Hosen,
2. Kirschrotem Wams* zieh ich lustig einher.
3. Heb ich die Finger, blühen die Rosen.
4. Heb ich die Hand, rauscht die Welle im Meer.
5. Spiel ich die Flöte, tanzt der Delfin,
6. Duftet's nach Wiesengrund und nach Jasmin.

* Jacke ohne
Ärmel

4 Der Winter

1. Die Pelzkappe voll mit schneeigen Tupfen,
2. Behäng ich die Bäume mit hellem Kristall.
3. Ich bringe die Weihnacht und bringe den Schnupfen,
4. Silvester und Halsweh und Karneval.
5. Ich komme mit Schlitten aus Nord und Nord-Ost.
6. – Gestatten Sie: Winter. Mit Vornamen: Frost. R

3 **a** Die Reimwörter in den Strophen **Der Sommer** und der **Der Winter** sind markiert.
Lies sie laut vor.

b Schreibe die Reimwortpaare in dein Heft.
Hosen – Rosen, ...

4 Tragt die Strophe **Der Frühling** zu zweit vor.
Lest die Zeilen abwechselnd.

Partner 1	**Der Frühling**	laut
Partner 2	Mit **duftenden** Veilchen ‖ komm ich gezogen,	**betont** / Pause (‖)
Partner 1	Auf **holzbraunen** Käfern ‖ komm ich gebrummt,	**betont** / Pause (‖)
Partner 2	Mit **singenden** Schwalben ‖ komm ich geflogen,	**betont** / Pause (‖)
Partner 1	Auf **goldenen** Bienen ‖ komm ich gesummt.	**betont** / Pause (‖)
Partner 2	**Jedermann** fragt sich, ‖ wie das geschah:	kurze Pause
Partner 1	**Auf einmal bin ich da!**	laut

Gedichte untersuchen

Reim in Gedichten untersuchen

 1 **a** Lies die Überschrift des Gedichtes.

 b Sieh dir das Bild an.

 c Lies das Gedicht.
Welche Wörter werden wiederholt?
Welche Wörter findest du komisch?

Christian Morgenstern
Der Schaukelstuhl auf der verlassenen Terrasse

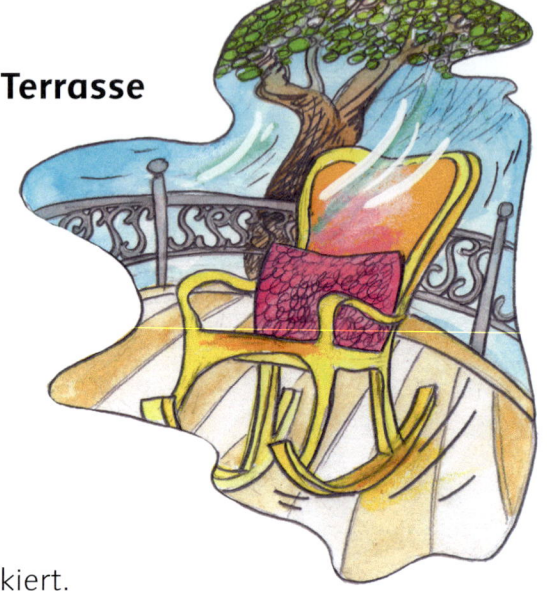

1 „Ich bin ein einsamer Schaukelstuhl
2 Und **wackel** im Winde, im Winde.

3 Auf der Terrasse, da ist es kuhl,
4 und ich **wackel** im Winde, im Winde.

5 Und ich **wackel** und **nackel** den ganzen Tag.
6 Und es **nackelt** und **rackelt** die Linde.
7 Wer weiß, was sonst noch wohl **wackeln** mag
8 Im Winde, im Winde, im Winde."

 **2** **a** Die Reimwörter am Ende der Verse sind bunt markiert.
Schreibe sie in dein Heft.
Schaukelstuhl – kuhl, …

b Damit Wörter sich reimen, müssen sie am Ende gleich klingen.
Zum Beispiel: Linde – Winde.
Warum wurde statt **kühl** das Wort **kuhl** verwendet?
Sprecht darüber.
Tipp: Sieh dir das Reimwort dazu an.

3 In dem Gedicht gibt es das Wort **nackeln.**
Der Autor hat sich dieses Wort ausgedacht.
Was könnte es bedeuten?
Schreibe auf die Linie.

Das Wort **nackeln** ist ein anderes Wort für _____.

4 Übt, das Gedicht vorzulesen.
Tipps:
– Versuche, das Gedicht zu rappen.
– Lies die Verse schnell und rhythmisch vor.
– Betone jedes zweite Wort in dem Gedicht.
– Die Wörter  im Winde, im Winde werden langsamer und leiser
ausgesprochen.

Reimwörter richtig schreiben

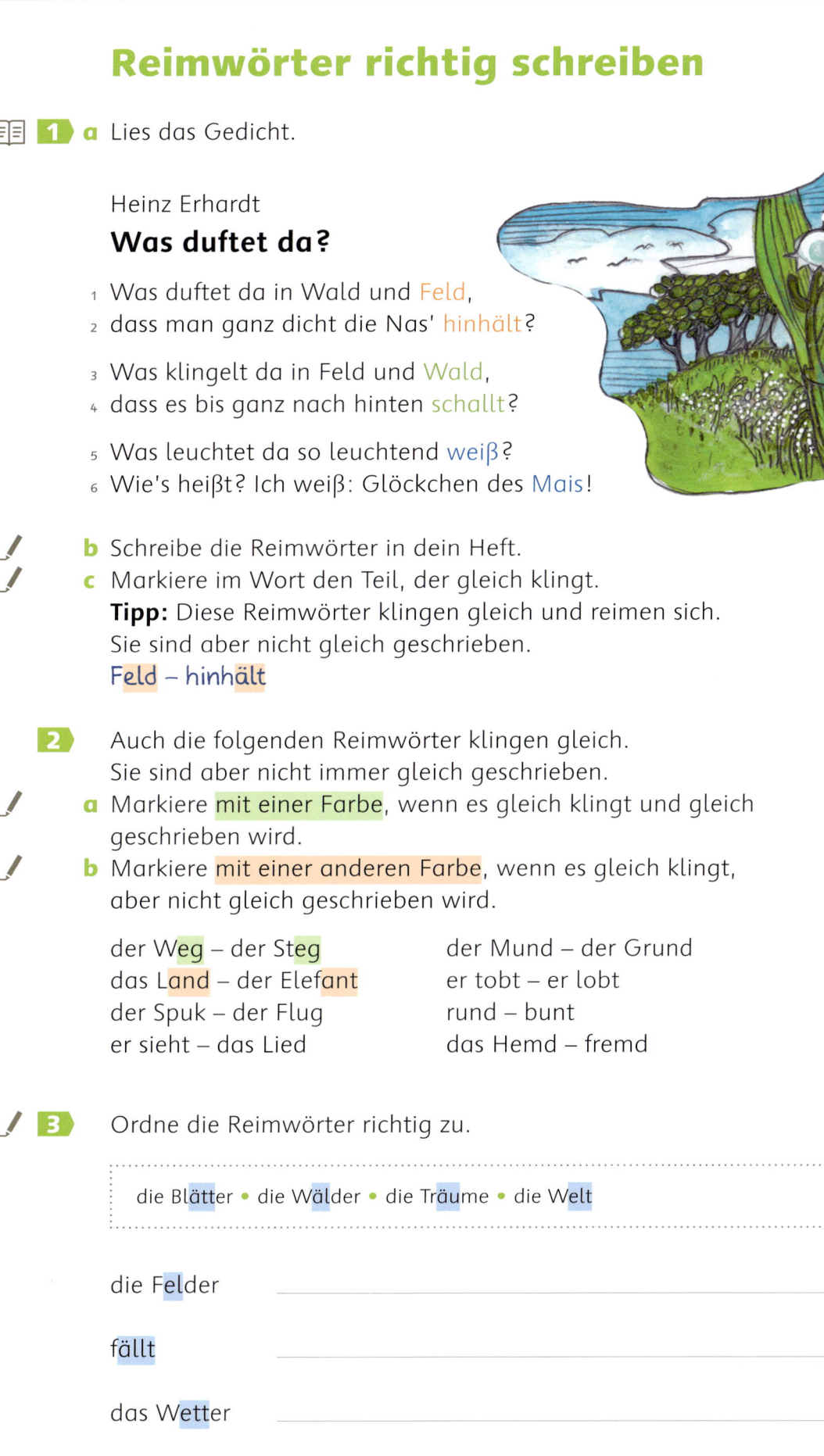

1 **a** Lies das Gedicht.

Heinz Erhardt
Was duftet da?

1 Was duftet da in Wald und Feld,
2 dass man ganz dicht die Nas' hinhält?

3 Was klingelt da in Feld und Wald,
4 dass es bis ganz nach hinten schallt?

5 Was leuchtet da so leuchtend weiß?
6 Wie's heißt? Ich weiß: Glöckchen des Mais!

b Schreibe die Reimwörter in dein Heft.
c Markiere im Wort den Teil, der gleich klingt.
Tipp: Diese Reimwörter klingen gleich und reimen sich.
Sie sind aber nicht gleich geschrieben.
Feld – hinhält

2 Auch die folgenden Reimwörter klingen gleich.
Sie sind aber nicht immer gleich geschrieben.
a Markiere mit einer Farbe, wenn es gleich klingt und gleich
geschrieben wird.
b Markiere mit einer anderen Farbe, wenn es gleich klingt,
aber nicht gleich geschrieben wird.

der Weg – der Steg   der Mund – der Grund
das Land – der Elefant   er tobt – er lobt
der Spuk – der Flug   rund – bunt
er sieht – das Lied   das Hemd – fremd

3 Ordne die Reimwörter richtig zu.

> die Blätter • die Wälder • die Träume • die Welt

die Felder _____

fällt _____

das Wetter _____

die Bäume _____

Sprachliche Bilder in Gedichten entdecken

1 a Lies das Gedicht.

Wolfgang Bächler

Der Abend im Frack

1 Der Abend **geht im Frack*** durch unsre Straße   * dunkler, eleganter
2 und **steckt die Sonne in die Hintertasche.**   Anzug
3 Er **fängt die Vögel** unter den Zylinder**   ** schwarzer Hut
4 und heftet sich voll Sterne das Revers***   *** Teil einer Jacke
5 und einen goldnen Halbmond auf die Brust.

6 **Im schwarzen Lackschuh tänzelt** er vorbei
7 und **trinkt die Lichter** aus den Fenstern,
8 **säuft** die Laternen aus, **frißt** die Geräusche
9 und **nimmt** die keusche**** Nacht **in seine Arme.**   **** unschuldig

10 Am Morgen **gleitet er betrunken** aus
11 und **fällt kopfüber** in die Straßenrinne.
12 Da platzt die Hintertasche auf:
13 die Sonne **rutscht ihm wieder raus**
14 und steigt ganz unbeschädigt
15 langsam über Haus und Dach
16 und **lacht den Abend einen Tag lang aus.** R

b In dem Gedicht wird **der Abend** beschrieben.
Manchmal ist er **fröhlich** oder auch **tollpatschig.** Verbinde, was zusammengehört.

A fällt kopfüber in die Straßenrinne	**1** fröhlich
B im schwarzen Lackschuh tänzelt er vorbei	**2** tollpatschig

2 Was bedeuten die Verse? Male in der gleichen Farbe an, was zusammengehört.

die Verse	**A** fängt die Vögel unter den Zylinder	**B** trinkt die Lichter aus den Fenstern	**C** die Sonne rutscht ihm wieder raus
die Bedeutung	**1** Die Sonne geht wieder auf.	**2** Die Vögel ziehen sich in ihre Nester zurück.	**3** Die Lichter in den Häusern werden ausgeschaltet, weil die Menschen schlafen gehen.

> **Personifikation**
> Wenn **Tiere oder Dinge** in einem Gedicht etwas tun, **was eigentlich nur Menschen tun** können,
> nennt man das eine **Personifikation.**
> Beispiel: Die Schneeflocken tanzen fröhlich durch die Luft.

  3 **a** Lies das Gedicht.

Georg Britting
Am offenen Fenster bei Hagelgewitter

1 Himmlisches Eis
2 Sprang mir auf den Tisch,
3 Rund, silberweiß.
4 **Schoss wie ein Fisch**

5 Weg von der Hand,
6 Die's greifen wollt,
7 Schmolz und verschwand.
8 **Blitzend wie Gold**

9 Blieb auf dem Holz
10 Nur ein Tropfen dem Blick.
11 Mächtig die Sonne
12 Sog ihn zurück.

 b Habt ihr schon mal Hagelkörner gesehen?
Wie sehen Hagelkörner aus? Beschreibt.

> durchsichtig • klein • weiß • rund

  4 In dem Gedicht werden Hagelkörner beschrieben.
a Mit welchen Adjektiven wird ein Hagelkorn beschrieben?
Schreibe auf.
Tipp: Lies Vers 3.

Hagelkörner sind 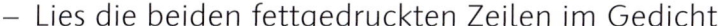.

b Der Dichter vergleicht ein Hagelkorn in den Strophen 1 und 2 mit etwas.
Einen Vergleich erkennt man an dem Wort **wie.**
– Lies die beiden fettgedruckten Zeilen im Gedicht.
– Was bedeuten sie? Verbinde.

> **A** Schoss **wie** ein Fisch

> **B** Blitzend **wie** Gold

> **1** das Hagelkorn glänzt in der Sonne

> **2** das Hagelkorn springt aus der Hand heraus, weil es so glitschig ist

 Vergleich
In **Vergleichen** beschreibt man **Dinge,** die sich **ähnlich** sind.
Man erkennt sie an dem Wort **wie.**
Beispiel: Die Bäume stehen am Rand wie Riesen.

Ein Gedicht auswendig lernen und vortragen

 1 **a** Lies das Gedicht.

b Ordne danach die Aussagen den Strophen rechts zu.
Verbinde.

Erwin Moser

Gewitter

1 **1** Der Himmel ist **blau**	‖
2 Der Himmel wird **grau**	‖
3 **2 Wind** fegt herbei	
4 **Vogelgeschrei**	
5 **Wolken** fast **schwarz**	
6 **Lauf, weiße Katz!**	(laut) ‖
7 **3 Blitz** durch die Stille	
8 **Donnergebrülle**	(laut)
9 Zwei **Tropfen** im **Staub**	
10 Dann **Prasseln** auf **Laub**	‖
11 **4 Regenwand**	‖
12 **Verschwommenes Land**	‖
13 **Blitze tollen**	‖
14 **Donner rollen**	‖
15 **5** Es **plitschert** und **platscht**	‖
16 Es **trommelt** und **klatscht**	
17 Es **rauscht** und **klopft**	
18 Es **braust** und **tropft**	
19 **6 Eine Stunde** lang	‖
20 **Herrlich** bang	
21 **7** Dann Donner schon fern	‖
22 Kaum noch zu hör'n	‖
23 Regen ganz fein	‖
24 Luft frisch und rein	
25 **8** Himmel noch grau	‖
26 Himmel bald blau!	

A – man sieht einen Blitz und hört Donner
– es fängt langsam an zu regnen
– man kann die Tropfen hören

B – es regnet und stürmt immer noch

C – es wird windig
– es ziehen dunkle Wolken auf

D – der Donner zieht weiter
– der Regen hört langsam auf

E – es regnet so stark, dass man kaum noch hindurchsehen kann
– Blitz und Donner wechseln sich ab

F – noch ist der Himmel grau
– bald wird er aber wieder blau sein

G – es dauert eine Stunde und ist aufregend und spannend

H – der Himmel wird grau

 **2** Bereitet einen Vortrag des Gedichtes vor.
Achtet auf die Zeichen.
– **Betont die fett gedruckten** Wörter besonders.
– Macht eine kurze Pause bei dem Pausenzeichen ‖.
– Sprecht die <u>unterstrichenen Wörter</u> laut und schnell aus.
– Sprecht die markierten Wörter leise und langsam aus.

Gedichte schreiben

Station 1:
Aus Buchstaben und Wörtern Bildgedichte gestalten

👁 **1** Sieh dir das Bildgedicht aus Buchstaben und Wörtern an.
Wie sind die Wörter angeordnet?
Was kannst du erkennen?

Max Bense
Wolke

```
wolke     wolke
      wolkewolkewolkewolke
   wolkewolkewolkewolke
      wolkewolkewolkewolke
      wolke     wolke
       B      B
       L        Lb
        l        l  l   t  z
       T        T    i
       Z        Z    tz
```

✏ **2** Gestalte selbst ein Bildgedicht zum **Frühling, Sommer** oder **Winter**
auf einem extra Blatt.
Tipp: Diese Wörter können dir helfen: Sonne – Baum im Wind – Regenbogen.

Hier siehst du Beispiele für: Wellen, Eiszapfen und Schneeball.

Station 4: Ein Foto zu einem Gedicht aufnehmen

 1 **a** Lies das Gedicht.

 b Sieh dir die Fotos an.
Welches passt gut?
Kreuze an.

Josef Guggenmos
Die Tulpe

1 Dunkel
2 war alles und Nacht.
3 In der Erde tief
4 die Zwiebel schlief,
5 die braune.

6 Was ist das für ein Gemunkel*,   * das Reden
7 was ist das für ein Geraune**,   ** das Flüstern
8 dachte die Zwiebel,
9 plötzlich erwacht.
10 Was singen die Vögel da droben
11 und jauchzen und toben?

12 Von Neugier gepackt,
13 hat die Zwiebel einen langen Hals gemacht
14 und um sich geblickt
15 mit einem hübschen Tulpengesicht.

16 Da hat ihr der Frühling entgegengelacht.

2 **a** Sieh dir die Gedichte in diesem Kapitel an.
b Welches Gedicht oder welche Strophe
passt zu der jetzigen Jahreszeit?
Wähle aus.

> **Der Frühling** Seite 144 oder 147 • **Der Herbst** Seite 144, 146 oder 150 •
> **Der Sommer** Seite 145 • **Der Winter** Seite 145 oder 149

3 **a** Du suchst ein Foto, das zu dem Gedicht passt.
Überlege:
    – Was sollte man sehen?
    – Wo kann man das aufnehmen?
    – Welche Farben passen zu dem Gedicht?
 b Mache mehrere Fotos. Wähle das beste aus.

4 **a** Schreibe das Gedicht ab. Füge dein Foto hinzu.
 b Hänge das Gedicht mit dem Foto im Klassenraum auf.

9 König Artus –
Ein Theaterstück untersuchen und weiterschreiben

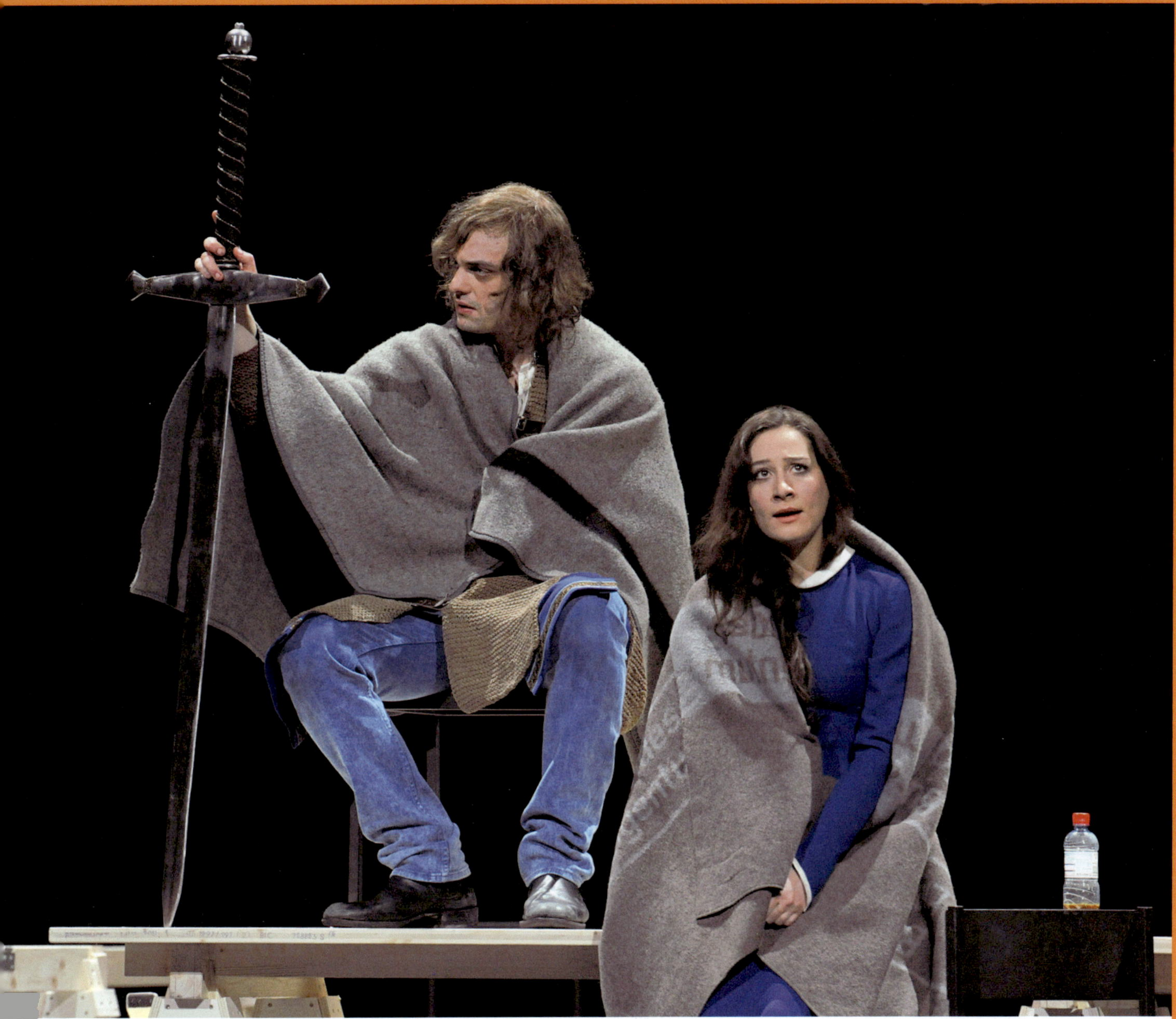

Szenenfoto aus „Merlin oder Das wüste Land“ von Tankred Dorst, Mitarbeit: Ursula Ehler, Inszenierung am Deutschen Nationaltheater Weimar, 2012

1 **a** Das Foto wurde im Theater gemacht.
Woran erkennt ihr das? Beschreibt.

b – Wie wirkt der Schauspieler mit dem Schwert? Beschreibt.
– Wie wirkt die Schauspielerin? Beschreibt.

2 In dem Theaterstück geht es um den Sagenhelden Artus.

a Wie ist ein Held oder eine Heldin für dich? Erklärt.

b Was weißt du über Artus? Erzählt.

1 **König Artus** ist eine berühmte Sagengestalt aus dem 6. Jahrhundert.

2 Es gibt viele Geschichten um ihn.

3 Die Fürsten seines Reiches waren zerstritten. Deshalb lud er sie an einen

4 runden Tisch ein. Diese Tafelrunde war ein erster Schritt zum Frieden.

5 Der Zauberer Merlin wusste, dass Artus ein weiser

6 und gerechter König werden würde.

7 Er unterstützte ihn schon, als Artus noch ein Kind war.

Der Zauberer Merlin bringt den jungen König Artus zu den Rittern der Tafelrunde.

1 In dem Kapitel geht es um den jungen Artus und darum, wie er König wurde.

a Die Abbildung ist schon sehr alt.

– Sieh dir das Bild an.

– Lies die Bildunterschrift.

b Was entdeckt ihr auf dem Bild? Beschreibt.

– Woran erkennt ihr den Zauberer?

– Woran merkt ihr, dass das Bild sehr alt ist?

2 a Lies den Text über König Artus.

b Warum saßen die Ritter an einem runden Tisch? Erklärt.

Artus wollte Frieden. • runder Tisch • Alle haben das Gefühl, gleichberechtigt zu sein. • erster Schritt zum Frieden

1 **John:** Wo ist das Schwert, wo? Ha! Diesmal werde ich es schaffen.

2 Ich werde es aus dem Stein ziehen! Ich, John, Sohn des Schmieds

3 von Canterbury, werde es schaffen. Ich werde König.

4 **Listenweib*:** Du wirst Schmied** und nichts anderes.

5 **John:** Ich werde regieren!

6 **Listenweib:** Du wirst Blasen an den Händen bekommen.

7 So oft, wie du schon versucht hast, das Schwert aus dem Stein

8 zu ziehen. […]

9 Sie rollt die Liste auf.

10 John. Sieben Mal warst du schon hier.

11 Und nie hat es geklappt. […]

12 **John:** Da war ich nicht gut vorbereitet!

13 Aber heute fühle ich mich stark. […]

14 Er steht am Felsen und umfasst den Griff des Schwertes,

15 zieht und zerrt daran mit aller Kraft. Er schafft es aber nicht.

16 **Listenweib:** Falls es dich tröstet, mein Junge: Es haben schon

17 sehr viele andere vor dir versucht, Excalibur aus dem Felsen

18 zu ziehen, und alle sind gescheitert, die stärksten Männer,

19 die tapfersten Ritter …

20 Soll ich dir ein paar Namen vorlesen? ⊻

* Weib hat man früher zu einer Frau gesagt, heute ist es beleidigend. Das Listenweib schreibt auf, wer versucht, das Schwert mit dem Namen Excalibur aus dem Felsen zu ziehen.

** Handwerker, der glühendes Metall mit dem Hammer bearbeitet und formt

3 **a** Lies die erste Szene aus dem Theaterstück **Artus.**

b Lest den Text mit den beiden Rollen: John und Listenweib.
Eine weitere Person liest die Regieanweisungen (blaue Sätze).

c Was plant John? Wieso scheitert sein Plan?
Sprecht darüber.

Szenen spielend untersuchen

Sprechweisen ausprobieren

 1 **a** Sieh dir das Bild an.
    b Lies den Textauszug.

Carolin Jelden
Artus

1 **Ector:** Kay, was machst du denn da?
2 **Kay:** Es könnte doch sein, dass ich … […]
3 Kay zieht an dem Schwert mit aller Kraft.
4 **Ector:** Kay. Lass es.
5 Er legt eine Hand auf den Arm seines Sohnes. Kay gibt auf.
6 **Kay:** Hast du es schon versucht?
7 **Listenweib:** Sir Ector? Ja. – Ja, ja … Er hat es versucht.
8 Sie sieht auf ihre Liste und schreibt noch einen Namen dazu. […]
9 Kay sieht das Listenweib verwirrt an.
10 **Kay:** Vater, wer ist das?
11 **Ector:** Man nennt sie das Listenweib. Sie treibt sich immer in der
12 Nähe des Schwerts herum […].
13 Artus betritt die Bühne. Er trägt die Kleidung eines Knappen*. […]
14 Er bückt sich immer wieder, um etwas aufzuheben. […]
15 **Ector:** Wo ist denn Artus? – Artus! Was suchst du denn?
16 **Artus:** Steine, Vater. Ich brauche sie zum Bauen.
17 Kay unterdrückt ein Lachen. […] Ⅴ

* ein junger Mann, der bei einem Ritter Hilfsdienste verrichtet und das Waffenhandwerk lernt

 c Lest den Text mit den vier Rollen:
Ector, Kay, Listenweib und Artus.
Eine weitere Person liest die Regieanweisungen (blaue Sätze).
Die farbigen Markierungen helfen beim Vorlesen:
Lies das Rote schnell. Lies das Grüne langsam.
Lies das Graue laut. Lies das Gelbe leise.

Die Figuren mit Rollenkarten untersuchen

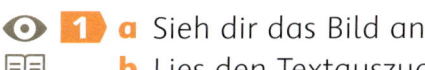 **1** **a** Sieh dir das Bild an.

b Lies den Textauszug.

Im Ritterlager (Szene 2/1–2)

1 Ein Ritterlager vor den Toren der Stadt. […]
2 Auf einem Hocker sitzt Artus und ist ganz in seine Arbeit vertieft:
3 Er baut an dem Modell einer Burg. Auf dem Tisch liegen Holzblöcke,
4 Steine und geschnitzte Figuren. Im Hintergrund ist buntes Treiben.
5 Aus einer Ecke erklingt Musik. Ein Gaukler läuft über die Bühne,
6 jongliert mit Bällen oder geht auf Stelzen. Zwei Ritter trainieren für
7 einen Kampf und schlagen ihre Schwerter gegeneinander. […]
8 Artus [hebt] den Kopf und wird auf Merlin aufmerksam. Er strahlt, überrascht.

9 **Artus:** Merlin! Du bist hier!
10 Er eilt zu ihm und umarmt ihn.
11 Ich freue mich! […] Und? Was hast du erfahren, wie steht es um unser Land?
12 **Merlin:** Ach, Artus … lass mich erst mal Platz nehmen. Meine Beine sind müde.
13 Er setzt sich auf einen Hocker, stellt seinen Becher ab und stutzt, als er die kleine,
14 selbst gebaute Burg auf dem Tisch sieht.
15 **Merlin:** Was ist denn das? Hast du das gebaut?
16 **Artus:** Ja … ja, das ist eine Burg. Ich nenne sie Camelot. Und hier ist ein Tisch
17 aus einem runden Stück Holz, das ich im Wald gefunden habe. An dem sitzen
18 die Ritter. Die Ritter der Tafelrunde! Die hab ich auch selbst geschnitzt.
19 Merlin nimmt Artus die Holzscheibe aus der Hand und dreht sie
20 gedankenverloren in seinen Händen herum.
21 **Merlin:** Ein runder Tisch … wie außergewöhnlich. Die Tafelrunde, sagst du?
22 **Artus:** Ja! Wenn der Tisch rund ist, gibt es keinen Streit darüber,
23 wer am Kopfende sitzt, wer in der Mitte oder am Ende. Es sind alle gleich,
24 vereint in einem Kreis. Ich meine … weil es doch schon genug Streit gibt,
25 im ganzen Land.
26 Jeder kämpft gegen jeden. Da sollte es wenigstens EINEN Tisch geben,
27 an dem Frieden herrscht.

28 Merlin rührt sich nicht. Er sieht Artus nur an, sehr nachdenklich.

29 **Artus:** Merlin? Ist alles in Ordnung?

30 **Merlin** (räuspert sich): Ich sehe … es ist viel Zeit vergangen seit meinem

31 letzten Besuch. Du bist älter geworden. […] ☑

c Lest den Text mit den beiden Rollen: Artus und Merlin.
Eine weitere Person liest die Regieanweisungen (blaue Sätze).

> **Figuren – Rollen – Rollenkarten**
> Die Personen in einem Theaterstück nennt man **Figuren.**
> Die Schauspielerinnen und Schauspieler schlüpfen in die **Rollen** dieser Figuren.
> Mit Hilfe von **Rollenkarten** können sich die Schauspielerinnen und Schauspieler
> mit ihren Figuren vertraut machen. Rollenkarten beschreiben die Eigenschaften,
> den Charakter und das Verhalten einer Figur.
> Rollenkarten sind meist in der Ich-Form formuliert.

 2 Schreibe eine **Rollenkarte** für **Artus** und eine Rollenkarte für **Merlin.**
Ergänze die Texte.
Die Wortkästen helfen dir.

> Frieden • handwerklich begabt • fantasievoll • jung

Ich bin **Artus.** Ich bin noch _____. Trotzdem denke ich an die Zukunft.

Ich habe eine Burg gebaut, weil ich _____ bin.

Ich habe der Burg einen Namen gegeben. Ich bin _____.

Alle Fürsten werde ich an einen runden Tisch einladen, denn ich habe einen Traum.

Ich träume vom _____.

> fürsorglich • älter • unterstützen • überzeugt

Ich bin **Merlin.** Ich bin schon _____.

Ich interessiere mich für Artus und für seine Ideen, denn ich will ihn

_____. Ich bin _____.

Ich bin davon _____, dass Artus ein weiser König wird.

Szenen schreiben und spielen

Eine Szene fortsetzen und spielen

1 **a** Sieh dir das Bild an.

b Lies den Textauszug.

Artus und Excalibur (Szene 4/2)

1 Artus, sein Freund Lancelot und seine Freundin Guinevere sehen das Schwert Excalibur.

2 Es steckt im Felsen.

3 **Artus:** Vielleicht kann ich das meinem Bruder mitbringen!

4 Dann muss ich nicht zurück zur Burg.

5 **Lancelot:** Was – du meinst DIESES Schwert?

6 **Artus** (zuckt mit den Schultern): Ja, warum nicht –

7 Er umfasst den Griff von Excalibur. Lancelot schüttelt den Kopf und Guinevere muss

8 lachen.

9 **Guinevere:** Artus! Weißt du nicht, was das – […]

10 Plötzlich ertönt ein lauter Donner. Ein helles Licht lässt Artus erstrahlen.

11 Mühelos zieht er das Schwert aus dem Felsen. Guinevere und Lancelot sind erschrocken.

12 **Lancelot:** Excalibur.

13 **Guinevere:** Artus – was hast du getan?

14 Artus ist ganz in Gedanken […]. Er schwingt das Schwert durch die Luft.

15 **Artus:** Es fühlt sich warm an. Und es ist ganz leicht, obwohl es reich verziert ist –

16 […] Lancelot fällt vor ihm auf die Knie. Guinevere macht einen tiefen Knicks.

17 Artus ist verwirrt.

18 **Artus:** Was … was ist denn los mit euch? Ihr seid ganz blass.

19 Guinevere, ist dir nicht gut? […]

20 **Guinevere:** Artus – lies die Inschrift!

21 Artus sieht sich das Schwert an und liest.

22 **Artus:** „Wer dieses Schwert aus dem Stein zieht, ist der rechtmäßige König Britanniens."

23 Artus erschrickt und lässt das Schwert unvermittelt los. [...] Keiner rührt sich.

24 Artus ist wie erstarrt.

25 **Artus:** Nein.

26 Artus schüttelt den Kopf und tritt einen Schritt zurück.

27 Das Schwert liegt auf dem Boden.

28 **Artus:** Das kann nicht sein. Nein. Lancelot – nimm du das Schwert!

29 Du kannst damit umgehen, du bist stark, du –

30 **Lancelot:** Ich habe schon versucht, es aus dem Felsen zu ziehen, Artus.

31 Vor vielen Monaten. Aber ich habe es nicht geschafft.

32 Das Schwert hat dich erwählt!

33 **Artus:** Aber es hat keiner gesehen! Nur wir – sonst ist hier niemand.

34 Das Listenweib tritt nun wieder auf die Bühne, hinter Artus.

35 **Artus:** Wir stecken es einfach wieder zurück in den Fels, als wäre nichts passiert.

36 **Listenweib:** Das solltet Ihr nicht tun, mein König.

37 Artus erschrickt und dreht sich um. ⊻

 c Lest den Text mit den vier Rollen:
Artus, Lancelot, Guinevere und Listenweib.
Eine weitere Person liest die Regieanweisungen (blaue Sätze).

 Schreibe die Szene weiter. Ergänze die Lücken.
Wähle passende Sätze und Wortgruppen aus dem Kasten.

> Du bist nicht allein. • Du hast Freunde. • Was du alles tun kannst! •
> … Burg bauen • … gerechtes Königreich schaffen. • Ich will kein König sein! •
> … hat dich zum König erwählt. • Warum ich?

Artus steckt Excalibur zurück in den Fels und geht.
Die anderen versuchen, ihn aufzuhalten.

Artus: Ohne mich! Das kann ich nicht!

_____

Lancelot: Überlege doch. _____

_____

Listenweib: Das Schwert _____.

Artus: _____

Listenweib: Du wirst eine _____ und

ein _____.

10 Rund um Medien –
Sachtexte verstehen

1 Was sind Medien?

💬 **a** Was kannst du mit Medien machen? Sprecht darüber.

> Mit Medien kann ich …

mich informieren •
mich bilden •
lesen • spielen • …

💬 **b** Welche Medien kennt ihr? Nennt sie.

der Computer • die Zeitschrift • das Internet • das Radio • das Buch • der Fernseher

💬 **2** In welchen Medien informiert ihr euch, wenn ihr …
– ein Wort nicht kennt?
– Informationen sucht?
Sprecht darüber.

in einem Wörterbuch • in einem Lexikon • in einer Suchmaschine im Internet

So schwer wie ein Auto – Der erste Computer

C Heute steckt in jedem Smartphone ein kleiner Computer, der in jede Hosentasche passt.

E Den ersten Computer entwickelte Konrad Zuse im Jahr 1941 in Berlin. Der Computer wurde Z3 genannt. Er war so groß wie ein Schrank und wog mehr als eine Tonne.

1 **a** Betrachtet die Bilder.
   b Was erkennt ihr auf den Bildern? Beschreibt die Bilder.

> Auf dem ersten Bild sehe ich …

einen Mann • einen Computer • ein Smartphone

2 **a** Lies die Überschrift oben.
   b Welche Informationen erwartet ihr in einem Text mit dieser Überschrift? Sprecht darüber.

> In dem Text geht es bestimmt um …

Erfindungen • Computer • Handys

3 Welches Bild passt zu welchem Textabschnitt? Ordne zu und begründe.

> Bild 1 gehört vermutlich zu Abschnitt …, denn man sieht darauf …

	Bild 1	Bild 2	Bild 3	Bild 4
Abschnitt				

3

B Der Z3 brauchte ganze 3 Sekunden, um eine Rechenaufgabe zu lösen. Und er hatte kaum Speicherplatz.

4

D Der erste tragbare Computer kam 1981 auf den Markt. Dieser Laptop war auch kein Leichtgewicht. Er wog 12 Kilogramm.

A Man nannte ihn deshalb scherzhaft „Schlepptop". Eine Firma verkaufte den Computer in den USA. Sie machten dafür Werbung mit dem Slogan: „Dieser Computer passt unter jeden Flugzeugsitz."

 **4** **a** Finde die folgenden Wörter in den Textabschnitten. Ordne ihnen die richtige Bedeutung zu.

die Tonne	Etwas wiegt nicht viel.
das Leichtgewicht	Etwas wiegt 1000 Kilogramm.
tragbar	ein Werbespruch
scherzhaft	Man kann etwas gut transportieren/tragen.
der Slogan	Etwas ist nicht ernst gemeint.

b Wie kann man die Bedeutung unbekannter Wörter herausfinden? Sprecht darüber.

das Wörterbuch • das Lexikon • die Suchmaschine im Internet

5 Wo findet ihr die Antworten auf die folgenden Fragen? Zeigt abwechselnd mit dem Finger auf die Textstelle, in der dazu etwas steht.
  – Wie hieß der erste Computer? (siehe Abschnitt E)
  – Wann wurde der erste Laptop verkauft? (siehe Abschnitt D)
  – Wie schwer war der erste Computer? (siehe Abschnitt E)
  – Wie lange brauchte der erste Computer, um eine Rechenaufgabe zu lösen? (siehe Abschnitt B)
  – Was steckt in jedem Smartphone? (siehe Abschnitt C)

Sachtexte lesen und verstehen

Einen Sachtext erschließen

Vor dem Lesen

1

a Betrachte das Bild zum Text.
b Lies die Überschriften.

c Besprecht zu zweit:
  1 Worum könnte es in diesem Text gehen?
  2 Was wisst ihr bereits darüber?
  3 Welche Fragen habt ihr zu diesem Thema?

Das ganze Jahr über Ostern? – Ostereier im Computer

1 Ostereier kann man im Computer das ganze Jahr über
2 finden. „Easter Eggs" nennt man kleine Überraschungen
3 auf Webseiten, in Apps oder in Computerspielen.
4 Sie werden von den Programmiererinnen und
5 Programmierern dort hinterlassen.

6 **Das erste Easter Egg**
7 Das erste sogenannte Easter Egg stammte von
8 Warren Robinett. Er arbeitete als Computerspiele-
9 Designer für die Firma Atari.
10 Diese Firma brachte die erste Spielekonsole auf den
11 Markt. Damals wurden die Namen der Programmierer
12 nicht veröffentlicht. Deshalb überlegte sich Robinett
13 eine List, also einen besonders schlauen Trick.
14 Damit machte er seinen Namen doch noch bekannt.
15 An einem versteckten Platz im Spiel hinterließ er
16 die Nachricht „Created by Warren Robinett"
17 (deutsch: von Warren Robinett erstellt).

18 **Easter Eggs in Suchmaschinen**
19 Heute finden sich solche Easter Eggs auch auf vielen
20 Webseiten. Eine große Suchmaschine versteckt zum
21 Beispiel auf ihrer Seite viele Überraschungen.
22 Die Nutzerinnen und Nutzer können diese nur finden,
23 wenn sie bestimmte Begriffe eingeben oder
24 Tastenkombinationen verwenden.
25 Gibt man beispielsweise „Pacman" in die Suchmaschine
26 ein, kann man direkt auf der Ergebnisseite eine Runde
27 des Spiels spielen. Und durch die Eingabe des Begriffs
28 „askew" (deutsch: schief) bringt man die Suchmaschinen-
29 Seite in Schieflage.

Beim Lesen

 2 **a** Lies die markierten Wörter und Wortgruppen.
b Sprich mit einer Partnerin oder einem Partner:
Was habt ihr bereits verstanden?

 3 **a** Lies den Text nun gründlich Absatz für Absatz.
 b Unterstreiche unbekannte Wörter.
 c Schreibe sie untereinander in dein Heft.

Unbekannte Wörter:
das Easter Egg
die List
die Tastenkombination
...

 4 Finde nun mit einer Partnerin oder einem Partner
die Bedeutung der unbekannten Wörter heraus.
Schreibt die Bedeutung neben die Wörter.
Folgende Strategien helfen euch dabei:

> **A** Lies den Satz noch einmal. Verstehst du ihn auch ohne das Wort?
> **B** Prüfe: Wird das Wort im Text erklärt?
> **C** Untersuche das Wort: Kannst du dir das Wort selbst erschließen?
> **D** Schlage das Wort nach (Wörterbuch, Internet).

Nach dem Lesen

 5 **a** Tauscht euch zu zweit über den Inhalt des Textes aus:
– Welche Informationen waren neu für euch?
– Was hat euch überrascht?

> Ich habe noch nicht gewusst, dass …

> Interessant fand ich …

 b Worüber würdet ihr gern mehr erfahren?
Notiert zu zweit Fragen zum Text.
Beispiel: Sehen die Easter Eggs aus wie Ostereier?

 **6** Welche Aussagen sind richtig? Welche Aussagen sind falsch?
a Sprich mit einer Partnerin oder einem Partner darüber.
b Streicht falsche Aussagen durch.

Der Text ist ein Sachtext, denn …

> **A** er ist sachlich geschrieben. / sehr spannend.

> **B** er enthält interessante Informationen. / einen spannenden Höhepunkt.

> **C** er hat das Ziel, über etwas zu informieren. / die Leser zu unterhalten.

> **D** er stammt vermutlich aus einer Computer-Zeitschrift. / aus einem Kinderbuch.

Einen Sachtext zusammenfassen

Achtung, Bugs! – Motten im Computer

  1 Lies den Text.

1 **1** Motten im Kleiderschrank sind ärgerlich. Denn sie fressen
2 Löcher in die Kleidung. Motten gibt es aber auch im Computer.
3 Das merkte Lisa, als ihr Computerspiel immer an derselben
4 Stelle stoppte. Ihre Mutter meinte dazu, das liege an einem Bug.
5 Bug ist das englische Wort für Motte oder Käfer.
6 Doch wieso nennt man Fehler in Computerprogrammen
7 auch Motten? Lisa fand im Internet eine Erklärung.

8 **2** Im Jahr 1947 funktionierte ein Computer an der Harvard
9 Universität in Amerika nicht mehr richtig. Der Grund dafür
10 war eine Motte. Sie hatte sich in den Innenraum des
11 Computers verirrt. Ein Wissenschaftler fand die Motte
12 und klebte sie als Erinnerung in sein Logbuch.
13 Der erste Fehler im Computer war also eine echte Motte.

14 **3** Lisa fand heraus, dass der Begriff „Bug" auch schon vorher
15 für Fehler benutzt wurde. Seitdem die Motte im Computer
16 in Harvard gefunden wurde, war der Begriff „Bug" aus der
17 Computersprache nicht mehr wegzudenken. Bis heute nennt
18 man Fehler in einem Computerprogramm so: Bugs.

- Begriff „Bug" in der Computersprache
- Motten im Kleiderschrank und im Computerspiel
- Lavendel gegen echte Motten
- Echte Motte als erster Bug
- Gefährlichkeit von Bugs in Computern

19 **4** Bugs können auch gefährlich sein. Zum Beispiel hat ein Bug
20 einmal Preise in einem Onlineshop verändert.
21 Der Betreiber des Shops verlor dadurch eine Menge Geld.

22 **5** Lisa ist froh, dass sie es nur mit einer echten Motte zu tun hat.
23 Sie hängt nun ein Säckchen mit Lavendel in ihren Schrank.
24 Das mögen echte Motten nämlich gar nicht.

2 Ordne die Zwischenüberschriften rechts den Absätzen zu.
Schreibe sie auf die Linien.

3 Die folgenden Sätze fassen den Text kurz zusammen.
Kreuze jeweils den richtigen Satz an.

☐ In dem Text geht es um echte Motten und Fehler im Computer.

☐ In dem Text geht es um echte Motten und Fehler im Schrank.

Absatz 1 ☐ Das englische Wort Bug heißt übersetzt Ratte.

☐ Das englische Wort Bug heißt übersetzt Motte.

Absatz 2 ☐ 1947 hatte sich eine echte Motte in einen Schrank verirrt.

☐ 1947 hatte sich eine echte Motte in einen Computer verirrt.

Absatz 3 ☐ In der Computersprache bezeichnet Bug ein Tier im Computerprogramm.

☐ In der Computersprache bezeichnet Bug einen Fehler im Computerprogramm.

Absatz 4 ☐ Bugs können auf Webseiten große Freude anrichten.

☐ Bugs können auf Webseiten großen Schaden anrichten.

Absatz 5 ☐ Lavendel hilft gegen echte Motten im Kleiderschrank.

☐ Knoblauch hilft gegen echte Motten im Kleiderschrank.

4 Schreibe mit Hilfe der Zwischenüberschriften und der richtig angekreuzten Sätze eine kurze Zusammenfassung.

In dem Sachtext geht es um _____

_____.

Im 1. Absatz erfährt man, dass _____

_____.

Im 2. Absatz wird berichtet, wie _____

_____.

Anschließend steht im 3. Absatz, dass _____

_____.

Im 4. Absatz erfährt man, dass _____

_____.

Am Ende des Textes, im 5. Absatz, steht, dass _____

_____.

Über Mediengewohnheiten nachdenken

Einen Chat untersuchen

Lars hat im Internet eine Freundschaftsanfrage von Tina123 bekommen.
Er kennt sie nicht. Tina findet sein Foto cool und würde ihn gern kennen lernen.

1 a Lies den Chat.

> **Tina123** Hey Lars! Danke für deine Handynummer. Cool! So können wir einfacher chatten. 😄
> Was machst du gerade?

> **Lars2010** Zocke ne Runde. Eltern sind unterwegs. Keiner nervt. 😄

> **Tina123** Nice! 😄

> **Tina123** Bin auch allein. Kann ich rumkommen? Schreib mal deine Adresse. Lass uns treffen! 😉

b Wie sollte Lars antworten? Kreuze an.

☐ Ja, gerne, komm vorbei!

☐ Nein, sorry, ich kenne dich ja noch gar nicht.

c Welche Gefahren gibt es, wenn man mit Fremden chattet? Erklärt.

> man weiß nicht, wer hinter dem Namen steckt •
> man weiß nicht, was die Person tatsächlich vorhat

2 Was unterscheidet Online-Freunde von echten Freunden? Sprecht darüber.

> habe ich noch nie gesehen • kenne ich persönlich

3 Welche Informationen könnt ihr diesem Spitznamen entnehmen? Streicht Falsches durch.

> **KölnNils2009**   der Wohnort • der Name • das Geburtsjahr • das Aussehen

4 Wie chattet man sicher?
Setze die Wörter aus dem Kasten in die Lücken ein.
Schreibe die Sätze ins Heft.

Verratet nicht euren ..., eure Telefonnummer oder Adresse.
Trefft euch ... mit unbekannten Personen aus dem Chat.
Auch im Chat darf man andere nicht ... oder bedrohen.
Verschickt keine ... von euch an Fremde im Chat.

> Bilder •
> Nachnamen •
> nicht •
> beleidigen

Sich in sozialen Netzwerken richtig verhalten

👁 **1** **a** Sieh dir die Profilseite des Mädchens an.

Name: Tonia Schmidt
Geburtstag: 8. März
aus: Hamburg Heimfeld
(neben dem Jugendtreffpunkt)
Schule: Gesamtschule Kieferweg

Tonia Schmidt
23. März geteilt mit: öffentlich
Endlich Ferien!!!
2 Wochen Amrum, juhuu! 😄
#Ferien #Sonne #Herzklopfen
#Meeristtoll

Infos
nimmt am 15. Juli an der Veranstaltung
„Rock im Freibad" teil

Fotos

#bestgranddad
#loveyou

Linas Hund
#sleepingbeauty

Gefällt mir

Guckt wie Frau Molli!
Lina09 Echt mal! 😂

Mit Lina im Tanzkurs! 😊
#friends #myhobby
#Letsdance

#Lina #bestfriendsforever

Timo!???
Player1 Liebst du Timo?
❤️
Lina09 Passt!
Was passt???

💬 **b** Was erfahrt ihr über das Mädchen?
Sprecht darüber.

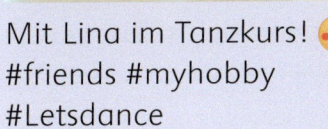

Sie heißt …

Sie mag …

Sie kann …

c Wie wirkt das Mädchen auf euch? Beschreibt.

> Auf mich wirkt Tonia sehr freundlich, weil …

> Ich denke, sie ist ein sportlicher Typ, weil …

lustig •
musikalisch •
aktiv •
tierlieb •
ehrgeizig •
selbstsicher •
hilfsbereit

2 Die Profilseite der Nutzerin Tonia ist öffentlich sichtbar.
Dort hat sie sich nicht immer richtig verhalten.

a Verbinde die Fehler mit dem passenden Beispiel.

Fehler
Tonia veröffentlich zu viele private Informationen.
Tonia lästert öffentlich über andere.
Tonia veröffentlicht Bilder, die andere Personen zeigen.

Beispiel
Bilder: Katze, Fisch
Bilder: Tanzgruppe, Opa, Freundin
Nachname, Adresse, Schule

b Die folgenden Tipps helfen dabei, sich in sozialen Netzwerken richtig zu verhalten.
Setze die Wörter aus dem Kasten in die Lücken ein.

fremden • Lästereien • erlauben/möchten • Nachrichten • das Geburtsdatum • peinlichen

Man sollte nicht den Nachnamen, _____ und

die Adresse angeben.

Man darf keine Bilder mit anderen Menschen hochladen, wenn diese das

nicht _____ .

Man sollte keine _____ Bilder von sich selbst veröffentlichen.

Man sollte seine Profilseite nicht mit _____ Menschen teilen.

Man sollte sich Hilfe holen, wenn man unangenehme _____

bekommt.

Man sollte bei _____ nicht mitmachen und niemanden

beleidigen.

ystävä

Freund/Freundin

friend

ami/amie

amigo/amiga

amigo/amiga

amico/amica

przyjaciel/przyjaciółka

prietenul/prietena

prijatelj/djevojka

500 km

B.H. = Bosnien und Herzegowina
K. = Kosovo
Lst. = Liechtenstein (Vaduz)
Mc. = Monaco
Mt. = Montenegro
Nmz. = Nordmazedonien
S.M. = San Marino
Vst. = Vatikanstadt

Reykjawík
Island

Norwegen

Finnland

Schweden

Oslo

Helsinki

Stockholm

Tallin

Estland

Russland

Lettland
Riga

Moskau

Litauen
Vilnius

Dänemark
Kopenhagen

Irland
Dublin

Groß-
britannien

Minsk

Niederlande

Weißrussland

Polen

London

Amsterdam

Warschau

Berlin

Kiew

Brüssel

Deutschland

Belgien

Ukraine

Paris

Luxemburg

Tschechische Rep.

Prag

Slowakei

Frankreich

Lst.

Bern

Wien

Bratislava

Moldawien

Schweiz

Österreich

Budapest

Chisinau

Slowenien

Ungarn

Ljubljana

Zagreb

Rumänien

Portugal

Madrid

Andorra
la Vella

S.M.

Kroatien

Belgrad

Bukarest

issabon

Mc.

B.H.

Serbien

Spanien

Italien

Sarajevo

Priština

Bulgarien

Vst.

Rom

Podgorica

Mt.

Sofia

K.

Skopje

Türkei

Albanien

Nmz.

Tirana

Malta

Griechenland

Athen

💬 **1** Auf der Europakarte findet ihr die Nomen **Freund** und **Freundin** in verschiedenen Sprachen.

a Welche Sprachen kennt ihr?
Lest die Nomen in diesen Sprachen vor.

b Vergleicht die Nomen:
In welchen Sprachen sind sie ähnlich?

A

3

B

E

F

1 Am „Saint Patrick's Day" in Irland ist die Stadt Dublin ganz grün.

2 Bei großen Volksfesten in Barcelona bilden die Einwohner hohe Menschentürme.

💬 **1** Die Fotos A bis G zeigen Traditionen und Feste in Europa.
   a Betrachtet die Fotos. Ordnet ihnen die Sätze 1 bis 7 zu.
   b Wo würdet ihr gern einmal dabei sein oder mitmachen?

✏ **2 a** Ordne die grün markierten Wörter den Wortarten in den Kästen zu.
   Schreibe in dein Heft.

das Nomen	das Adjektiv	das Pronomen	das Verb
(Hauptwort)	(Wiewort)	(Fürwort)	(Tuwort)
das Dorf,	groß, frech,	wir, es	ist, fahren,
das Glück …	grün …	…	essen …

A

✏ **b** Welche Aussage passt zu welcher Wortart?
   Ordne zu. Schreibe die Buchstaben (A bis D) in die Kästchen.
   A Diese Wörter geben an, was jemand **tut** oder was geschieht.
   B Mit diesen Wörtern kann man genauer beschreiben, **wie** etwas ist.
   C Diese Wörter ersetzen Nomen.
   D Diese Wörter bezeichnen Lebewesen, Gegenstände oder Gedanken, Gefühle, Zustände.

C

D

3 Zu Ostern spritzen sich in Warschau alle gegenseitig nass.

4 In Amsterdam benutzen sie oft Fahrräder.

5 In Galaxidi darf man manchmal mit Mehl werfen.

G

6 In Paris müsst ihr am 1. April auf Fische aufpassen.

7 Die Bewohner von Brüssel lieben leckere Pommes und unterschiedliche Soßen.

3 Welche Wörter stecken in den blau markierten zusammengesetzten Nomen? Schreibe sie mit dem Artikel auf.

Volksfest: das Volk,

4 Wie viele Satzglieder hat Satz 7? Stelle den Satz zweimal um. Achte darauf: Welche Wörter bleiben immer zusammen? Beginne jeweils so:

Lieben die Bewohner von Brüssel

?

Leckere Pommes und unterschiedliche Soßen

.

Wörter untersuchen und bilden

Nomen und ihre Artikel kennen

1 **a** Lies den Text.

Den „nassen Montag" in Warschau feiern

1 Das Foto zeigt Kinder in der polnischen Hauptstadt Warschau.
2 Dort gibt es am Ostermontag einen besonderen Brauch:
3 Die Menschen bespritzen sich mit Wasser. Das bereitet besonders
4 den Kindern viel Vergnügen. Einige Kinder schütten ihren
5 Freunden mit viel Lärm einen Eimer Wasser über den Kopf.
6 Andere schöpfen das Wasser mit Kellen aus Töpfen. Die Tradition
7 ist älter als 1000 Jahre. Vermutlich erinnert sie daran, dass ein
8 polnischer König im Mittelalter einmal so getauft wurde.

b Würdest du gern einmal am „nassen Montag" in Warschau sein? Kreuze an.

☐ ja   ☐ nein

2 **a** Bilde die Pluralform (Mehrzahlform) der markierten Nomen.
Schreibe sie mit Artikel in dein Heft.
b Markiere die Pluralendung (Mehrzahlendung).
Tipp: Du findest die Pluralform der markierten Wörter in der Wortschlange.

KÖPFEFOTOSBRÄUCHEHAUPTSTÄDTEKÖNIGETRADITIONEN

das Foto – die Fotos

3 Schreibe die Nomen in die richtige Zeile: Freund, Kind, Lärm, Eimer, ~~Vergnügen~~, Tafel.

Lebewesen: der _____, das _____

Gegenstände: der _____, die _____

Zustände: das Vergnügen, der _____

> **Das Nomen** (das Hauptwort)
> – Nomen stehen oft mit einem **Artikel** (der, die, das).
> – Nomen sind im Deutschen
>   – **männlich** Beispiele: der Junge, der Eimer, der Lärm,
>   – **weiblich** Beispiele: die Frau, die Tafel, die Freude,
>   – **sächlich** Beispiele: das Kind, das Wasser, das Wetter.
> – Die meisten Nomen können im **Singular** (Einzahl) oder im **Plural** (Mehrzahl) stehen,
>   Beispiele: der Junge – die Jung**en**, die Frau – die Frau**en**, das Kind – die Kind**er**.
> – Nomen schreibt man im Deutschen immer **groß.**

4 Nomen und ihre Artikel stehen in Sätzen immer in einem bestimmten Fall (Kasus).
Schreibe **Nomen und Artikel** in Klammern in den richtigen Fall.

A Am Ostermontag verbrauchen (die Menschen) _____

in Polen das meiste Wasser.

B Die Kinder lieben (der Tag) _____ .

C Wissenschaftler erklären (die Kinder) _____ die Tradition.

D Der polnische Name (die Tradition) _____ heißt

„Smigus Dyngus".

E Die Ostertraditionen (die Länder) _____ Ukraine,

Ungarn, Slowakei und Tschechien sind ähnlich.

5 Wer spritzt wen nass? Schreibe fünf Sätze.
Setze Nomen aus dem Kasten im richtigen Fall ein.
Beispiel: Der Junge spritzt den Onkel nass.

> der Nachbar • die Nachbarin • das Kind • die Freundin • der Freund • das Mädchen •
> der Junge • die Dame • der Herr • der Onkel • die Tante • die Jugendlichen • die Schüler

_____

_____

_____

_____

_____

Nomen und ihre vier Fälle (Kasus)
– Nomen erscheinen in Sätzen immer in einem bestimmten **grammatischen Fall** (Kasus).
– Im Deutschen gibt es **vier Fälle.** Man kann den Fall durch **Fragen** ermitteln.

Wer oder was …?	Wessen …?	Wem …?	Wen oder was …?
→ Nominativ	→ Genitiv	→ Dativ	→ Akkusativ
(1. Fall)	(2. Fall)	(3. Fall)	(4. Fall)
Wer (oder was) geht heim?	Wessen Handy ist das?	Wem gehört das Buch?	Wen (oder was) ärgere ich?
das Kind	des Kindes	dem Kind	das Kind

205

Adjektive verwenden und steigern

1 Schreibe die **Adjektive** (Wiewörter) aus dem Kasten in den Text.
Achte dabei auf die richtigen Endungen.

Pommes essen in Brüssel

belgisch •
berühmt •
gut •
alt •
hungrig •
knusprig •
klein •
lecker •
würzig

Die _____ Hauptstadt Brüssel hat viele

_____ Sehenswürdigkeiten.

Aber manche lieben die Stadt vor allem wegen der _____

Pommes. Im _____ Stadtzentrum können _____

Menschen die _____ Kartoffelstäbchen überall an

_____ Buden kaufen.

Man kann sie mit _____ Soßen

genießen, zum Beispiel mit _____

Currysoße.

 **2** Vergleicht die Pommes in den drei Pommesbuden.

groß •
klein •
teuer •
billig •
lecker •
vielfältig

a Findet **Gemeinsamkeiten.** Schreibt zwei Sätze ins Heft.
Beispiel: Die Pommes in Bude 1 sind <u>so groß wie</u> die Pommes in
Bude 2.
b Findet **Unterschiede.** Schreibt zwei Sätze ins Heft.
Beispiel: Die Pommes in Bude 1 sind <u>teurer als</u> die Pommes in Bude 2.

Größe	Bude 1	Bude 2	Bude 3
Preis	4,50€	3,70€	4,50€
Geschmack	++	++	+++
Soßen	9 Soßen	7 Soßen	16 Soßen

> Adjektive kann man **steigern:**
> – **der Positiv** (Grundstufe): lang Die Pommes sind **so lang wie** mein Finger.
> – **der Komparativ** (Höherstufe): länger Die Pommes sind **länger als** mein Finger.
> – **der Superlativ** (Höchststufe): am längsten Die Pommes sind hier **am längsten.**

Präpositionen erkennen

 **1** **a** Lies den Text.

Fahrrad fahren in Amsterdam

1 **A** Amsterdam ist die Hauptstadt der Niederlande.

2 Das Fahrrad ist für die Bewohner das wichtigste Fahrzeug.

3 Viele können sich den Alltag ohne Fahrrad gar nicht vorstellen.

4 Das gilt auch für die Schülerinnen und Schüler. Sie fahren jeden Morgen

5 durch die alten Straßen der Stadt mit dem Fahrrad zu ihrer Schule.

6 **B** Eine Amsterdamer Schülerin berichtet: „Ich mag die vielen kleinen Kanäle

7 hier. Einige gibt es schon seit 400 Jahren. Nach der Schule radle ich oft an

8 einem Kanal entlang zu meiner Oma. Deshalb gehe ich selten ohne

9 den Fahrradhelm aus dem Haus. Ich benutze das Rad auch bei einem

10 Regenschauer oder während der Ferien.“

11 **C** Die Schülerin empfiehlt: „Wenn ihr mal in unserer Stadt seid, solltet ihr eine

12 Fahrradtour machen. Beginnt die Tour am Hauptbahnhof und fahrt in die

13 Altstadt. Auf den Kanälen und unter den Brücken könnt ihr viele Boote sehen.

14 Es gibt sogar einen Blumenmarkt auf dem Wasser. In den hübschen Häusern

15 sind oft kleine Läden. Und zwischen den Läden findet man gemütliche Cafés.

16 Setzt euch an einen Tisch vor einem Café, bestellt euch eine holländische

17 Sirupwaffel und beobachtet die Menschen auf der Straße.“

b Würdest du gern einmal Amsterdam besuchen?
Kreuze an.

☐ ja ☐ nein

2 Markiere alle **Präpositionen** im Text.
Tipp: Die Präpositionen im Kasten helfen dir.

> für (zweimal) • ohne (zweimal) • durch • seit • nach • bei • während • zu (zweimal) • aus •
> an (zweimal) • auf (dreimal) • unter • in (dreimal) • zwischen • am • vor • mit

> **Die Präpositionen** (die Verhältniswörter)
> Präpositionen stehen **vor Nomen** und bestimmen den **Fall** (Kasus), in dem das Nomen und sein
> Artikel stehen müssen.

Pronomen (Fürwörter) verwenden

 1   Lies den Text von **Abschnitt A.**

Aprilscherze in Paris erleben

A Die Kinder in Frankreich lieben den 1. April.

Schon Tage vorher basteln **die Kinder** _____ kleine Fische aus Papier.

Am 1. April versuchen **die Kinder** _____ dann, die Papierfische Mitschülern oder

Lehrern unbemerkt an den Rücken zu heften. Wenn das geklappt hat, rufen

die Kinder _____: „Poisson d'Avril!" Das heißt auf Deutsch: „April-Fisch!"

2   Verbessere **Abschnitt A** mit Hilfe von **Personalpronomen.**
Gehe so vor: Der Begriff **die Kinder** wird dreimal wiederholt.
– Streiche in Abschnitt A die drei Wiederholungen durch.
– Tausche sie durch ein passendes Personalpronomen vom Rand.

> ich • du •
> er/sie/es •
> wir • ihr • sie

> **Personalpronomen** sind:
> ich, du, er, sie, es, wir, ihr, sie, mich, dich, ihn, uns, euch, mir.
> Sie **stehen für Nomen.** Sie ersetzen die Nomen.
> Beispiel: **Der Schüler** sieht **den Fisch.** → **Er** sieht **ihn.**

3   Setze in **Abschnitt B** die **Possessivpronomen** vom Rand richtig ein.

> meine • unserer •
> ihren • ihren •
> ihr • seinen •
> ihrer • ihre

Aprilscherze in Paris erleben

B Ein Schüler aus einer Schule in Paris berichtet:

„Im letzten April hat _____ Klasse es geschafft, _____ Lehrerin einen April-

Fisch an _____ Rücken zu kleben. Eine Schülerin hat die Lehrerin gefragt, ob sie an

_____ Platz kommen kann. Als sich die Lehrerin über _____ Heft beugte,

befestigte der Schüler dahinter _____ Fisch an _____ Jacke. Die Lehrerin hat

es erst in der Pause gemerkt, als sie _____ Jacke auszog."

> **Possessivpronomen** sind: mein, meine, dein, deine, ihr, ihre, sein, seine, unser, euer.
> Sie geben an, **wem etwas gehört.**
> Beispiele: **meine** Tasche, **ihr** Rucksack

Verben in verschiedenen Zeitformen verwenden

Gegenwart und Zukunft: Präsens und Futur I

1 Setze die **Verben** (Tuwörter) in Klammern im **Präsens** (Gegenwart) ein.

Menschentürme in Barcelona bauen

A Bei Festen in Barcelona (geben) gibt es eine besondere

Tradition: Die Bewohner (bauen) bauen Menschentürme.

B Jede Gruppe (versuchen) _____, den höchsten Turm

zu bauen.

C Dabei (haben) _____ jedes Gruppenmitglied eine

eigene Aufgabe.

D Nach und nach (steigen) _____ einzelne Gruppenmitglieder nach oben.

E Zum Schluss (klettern) _____ ein Kind bis ganz nach oben.

2 Ein zehnjähriges Mädchen aus Barcelona berichtet von seiner Teilnahme beim Turmbau.

a Markiere in den drei Sätzen die **zweigeteilten Verbformen.**

> Am Feiertag des Heiligen Georg werde ich in einer Turmbau-Gruppe mitmachen.
> In den nächsten Monaten werde ich dafür dreimal in der Woche trainieren.
> Mein Vater und mein älterer Bruder werden auch teilnehmen.

b Über welche Zeit spricht das Mädchen? Kreuze an.

☐ über die Vergangenheit   ☐ über die Gegenwart   ☐ über die Zukunft

3 Wie werden die Menschentürme beim nächsten Stadtfest aufgebaut?
Formuliere die Sätze C bis E im **Futur I.** Schreibe die Sätze in dein Heft.
Tipp: Denke dir bei jedem Satz **im nächsten Jahr** dazu.
B Jede Gruppe wird (im nächsten Jahr) versuchen, den höchsten Turm zu bauen.

> **Gegenwart und Zukunft: Präsens und Futur I**
> – Verben (Tuwörter) im **Präsens** (Gegenwart) geben an, was **jetzt** geschieht.
>   Beispiel: Das Mädchen **trainiert** jetzt für das Fest.
> – Verben (Tuwörter) im **Futur I** geben an, was in der **Zukunft** geschieht.
>   Futur I wird gebildet mit einer Form von **werden** und der **Grundform** des Verbes.
>   Beispiel: Das Mädchen **wird teilnehmen.**

Vergangenheit: Das Perfekt

1 a Lies die Texte.

Zwei Kinder aus Barcelona berichten von einem Turmbau-Training:

> **A** Zuerst haben wir uns aufgewärmt. Nach dem Aufwärmen hat der Trainer den Aufbau des Turms erklärt. Wir haben barfuß auf Matten trainiert. Ich habe die älteren Turmbauer beim Training genau beobachtet. Am Ende haben wir es geschafft, sechs Stockwerke zu bilden.

> **B** Ich bin heute zum ersten Mal zum Training gegangen. Am Anfang sind wir 10 Minuten lang im Kreis gelaufen. Dann sind eine Frau und drei Männer in der Mitte der Turnhalle zusammengetreten. Anschließend sind vier weitere Leute auf die Schultern der anderen geklettert. Ich bin am Ende bis ganz nach oben geklettert.

b Wann war das Training? Kreuze an.

☐ in der Vergangenheit   ☐ in der Gegenwart   ☐ in der Zukunft

c Bilde von folgenden Verben den **Infinitiv** (die Grundform). Schreibe auf.

hat erklärt – (wir) **erklären**   bin gegangen – _____

habe beobachtet – _____   sind gelaufen – _____

haben geschafft – _____   sind geklettert – _____

> **Die Vergangenheit: Das Perfekt**
> – Wenn man **mündlich** von etwas **Vergangenem** erzählt, verwendet man oft **das Perfekt.**
> – **Das Perfekt** wird mit **haben** oder **sein** gebildet und beim **Verb** mit der **Vorsilbe ge-** und der **Endung -t** oder **-en.**
>   Beispiele: ich **habe gesehen**, ich **bin geklettert**

2 Setze in den folgenden Sätzen A bis E die Verben ins **Perfekt.**

A Die Sportler (üben) **haben** mehrere Male den Aufbau des Turms **geübt** .

B Der Trainer (erklären) **hat** jedem Mitglied seine Position _____ .

C Die Kinder (tragen) _____ Schutzhelme aus Schaumstoff _____ .

D Beim Abbau des Turms (fallen) _____ zwei Sportler _____ .

E Die anderen Sportler (auffangen) _____ sie _____ .

Vergangenheit: Das Präteritum

  a Lies den Text.

Bau eines neunstöckigen Menschenturms am Tag des Heiligen Georg

1 Am 23. April ist der Tag des Heiligen Georg. Die Bewohner von Barcelona feierten
2 ein großes Stadtfest. Vor dem Rathaus baute eine Gruppe einen neunstöckigen
3 Menschenturm. Die Zuschauer zitterten, als zum Schluss ein zehnjähriges Mädchen zur
4 Spitze kletterte. Als sie die Spitze des Turms erreichte, streckte sie den Arm in die Höhe.
5 So zeigte sie, dass der Turm fertig war. Während des Turmbaus spielten eine Flöte und
6 eine Trommel traditionelle Melodien.

b Betrachtet die grün markierten Verbformen im Text.
In welcher Zeitform stehen sie? Woran habt ihr das erkannt?

c Schreibe alle Formen des Verbs **feiern** im **Präsens** (Gegenwart)
und im **Präteritum** (Vergangenheit) in einer Tabelle in dein Heft.

Präsens	Präteritum	Präsens	Präteritum
ich feiere	ich feierte	ich wackele	ich wackelte
du feierst	du feiertest	du wackelst	du wackeltest
er, sie, es feiert		er, sie, es wackelt	er, sie, es wackelte
wir		wir wackeln	wir wackelten
ihr		ihr wackelt	ihr wackeltet
sie		sie wackeln	sie wackelten

d Welche Buchstaben haben sich bei der Bildung des Präteritums verändert? Markiere.

2 Schreibe die folgenden Verben mit der **Infinitivform** (Grundform) in dein Heft:

baute • zitterten • streckte • zeigte • spielten

Beispiel: baute – bauen, ...

3 Setze in den Sätzen A bis C die Verben im **Präteritum** (Vergangenheit) ein.

A Beim Bau des dritten Stockwerks (wackeln) **wackelte** der Turm gefährlich.

B Alle Turmbauer (warten) _____ auf das Mädchen.

C Als das Mädchen zur Spitze (klettern) _____, war es ganz still auf dem Platz.

> **Zeitformen der Vergangenheit: Das Präteritum**
> Wenn man **schriftlich** von etwas **Vergangenem** erzählt (in Briefen, Geschichten, Berichten),
> verwendet man meistens **das Präteritum.**
> Beispiel: Liebe Oma, ich **kletterte** ganz nach oben zur Spitze.

Wortzusammensetzungen untersuchen und bilden

1 **a** Sieh dir die beiden Fotos an.

Die Parade zum „Saint Patrick's Day" in Dublin anschauen

1 Am 17. März ist „Saint Patrick's Day".
2 Da feiern die Bewohner der irischen Hauptstadt Dublin den Bischof Patrick.
3 Er gilt als Beschützer Irlands. An diesem Tag findet eine große Parade statt.

b Auf welchem Foto sind die Wörter aus dem Kasten zu sehen?
Schreibe die Wörter in die richtige Spalte in dein Heft.

> die Strickmütze • die Pferdekutsche • grasgrün • das Armband • die Spaßbrille • schneeweiß •
> das Halstuch • dunkelblond • die Menschenmenge • dunkelorange • die Fahnenträger •
> die Handschuhe

linkes Bild	rechtes Bild
	die Strickmütze

c Aus welchen Wörtern setzen sich sechs der Wörter aus Aufgabe 1 b zusammen?
Schreibe die Wörter in dein Heft.
die Pferdekutsche = das Pferd und die Kutsche

2 Schreibe fünf zusammengesetzte Wörter aus den vorgegebenen Grundwörtern und
Bestimmungswörtern in dein Heft.

> **Bestimmungswörter:**
> Himmel • Tanz • Fuß • dunkel • Schnee

> **Grundwörter:**
> der Schuh • der Ball • blau

Tipp: In zusammengesetzten Wörtern steht das Bestimmungswort vorne.
Das Grundwort steht hinten.
der Tanzschuh

Sätze untersuchen

Umstellen von Satzgliedern

1 a Lies die Sätze A bis F und den Text in der Sprechblase.

Detektiv Erdem findet den Bankräuber

A Der Berliner Detektiv Erdem löste in der letzten Woche einen neuen Fall.
B Er half der Polizei wieder einmal bei der Aufklärung eines Banküberfalls.
C Er fand blitzschnell den Täter.
D Er ist für die Berliner Polizei ein wichtiger Helfer.
E Er löst seit 35 Jahren die schwierigsten Fälle in der Hauptstadt.
F Er erzählt den Reportern fröhlich:

Das war dieses Mal ganz leicht! Der Täter hatte seine Forderung auf einen alten Briefumschlag geschrieben. Den Umschlag hat er dann dem Bankangestellten gezeigt. Er wollte auf diese Weise seine Stimme verbergen. Ich habe den Umschlag untersucht. **Auf der Rückseite des Umschlags stand tatsächlich die Adresse des Täters.**

b Was hat der Täter falsch gemacht? Sprecht darüber.
Tipp: Achtet auf das Fettgedruckte.

2 Wie kann man Satz A umstellen? Schreibe zwei Möglichkeiten auf.

1. In der letzten Woche löste _____
_____.

2. Einen neuen Fall _____
_____.

3 a Stelle die Sätze C und D so um, dass jeweils eine andere Wortgruppe am Satzanfang steht.

C Blitzschnell _____.

D Für _____.

b Einige **Wörter bleiben** bei den Umstellungen **zusammen.**
Kreise diese Wortgruppen ein.
Diese Wortgruppen nennt man **Satzglieder.**
Ein Satzglied kann **ein Wort oder mehrere Wörter** haben.

Satzglieder bestimmen: Das Subjekt und das Prädikat

 **1** **a** Lies den Text.

Einbruch bei Herrn Unterbusch?

1 **A Herr Unterbusch:** Ich habe in der Küche aufgeräumt.
2 Plötzlich habe ich ein lautes Miau und ein Scheppern gehört.
3 Ich bin sofort in das Wohnzimmer gerannt. Zum Glück hat der
4 Einbrecher nichts gestohlen. Wahrscheinlich ist er durch das
5 Fenster geflüchtet.
6 **B Detektiv Erdem:** Hier war kein Einbrecher. Ich schaue mir mal
7 die Scherben an. Etwas anderes ist passiert.
8 Kennen Sie die Katze auf dem Baum?
9 **C Herr Unterbusch:** Die Katze gehört mir. Sie heißt Wilma.
10 Eben hat Wilma noch dort geschlafen. Dann hörte ich dieses
11 laute Geräusch.

b Was könnte passiert sein?
Tipp: Achtet dabei besonders auf **Abschnitt B.** Seht euch das Bild gut an.
Sprecht zu zweit über eure Vermutungen.

 2 **a** Frage in den Sätzen von **Abschnitt C** nach dem **Subjekt** mit: **Wer oder was?**
Markiere das **Subjekt**.

==Die Katze== gehört mir. – Wer oder was gehört mir?

Sie heißt Wilma. – Wer oder was heißt _____ ?

Eben hat Wilma noch dort geschlafen.

Wer oder _____ ?

> **Satzglieder: Das Subjekt**
> Das **Subjekt** gibt an, **wer oder was etwas tut.** Man fragt danach mit: **Wer oder was?**
> Beispiel: **Die Katze** ist schon alt. – Wer oder was ist schon alt? die Katze

b Prüfe in den Sätzen von Abschnitt A, **was jemand tut** oder **was geschieht.**
Markiere das **Prädikat.**
Tipp: Achte auf mehrteilige Prädikate.

Ich ==habe== in der Küche ==aufgeräumt==.
Plötzlich habe ich ein lautes Miau und ein Scheppern gehört.
Ich bin sofort in das Wohnzimmer gerannt.
Zum Glück hat der Einbrecher nichts gestohlen.
Wahrscheinlich ist er aus dem Fenster geflüchtet.

Die Satzreihe: Hauptsätze verknüpfen

1 Lies die Sätze.

Detektiv Erdem sucht die Betrüger auf einem Volksfest

A In Spandau findet das große Frühlingsfest statt.

B Die Leute freuen sich auf mein Riesenrad.

C Normalerweise mache ich gute Geschäfte.

D Ich bin verzweifelt.

+ Ich bin natürlich dabei.

+ Wir bieten einen neuen Looping.

+ Dieses Jahr habe ich ein Problem.

+ Jemand bezahlt mit Falschgeld.

2 a Verbinde die Sätze A bis D mit Konjunktionen (Bindewörtern) aus dem Kasten. Setze vor den Konjunktionen (Bindewörtern) **doch, denn** ein Komma.

A In Spandau findet das große Frühlingsfest statt und ich bin natürlich dabei.

B Die Leute freuen sich auf mein Riesenrad, denn

C

D

Konjunktionen:
~~und~~ • , doch • ~~, denn~~ • , denn

b Rahme in den Satzreihen A bis D die Konjunktionen (Bindewörter) ein.

> **Die Satzreihe**
> – Einen **Satz,** der aus **zwei oder mehr Hauptsätzen** besteht, nennt man **Satzreihe.**
>   In Satzreihen trennt man die einzelnen Hauptsätze durch **Komma** ab.
>   Beispiel: Herr Busch ist verzweifelt, ein Betrüger bezahlt mit Falschgeld.
>
>   Hauptsatz 1 , Hauptsatz 2 .
> – Oft verbindet man Hauptsätze durch **Konjunktionen** (Bindewörter), wie zum Beispiel **aber, denn, doch.** Dann setzt man vor der Konjunktion ein **Komma.**
>   Beispiel: Der Detektiv übernimmt den Fall, denn er hat eine Idee.

Das Satzgefüge: Hauptsätze und Nebensätze verbinden

1 **a** Lies die Sätze.

Detektiv Erdem löst den Falschgeld-Fall

A Der Detektiv tarnt sich als Losverkäufer.	+ Er sieht alle Leute genau.
B Plötzlich fallen ihm zwei Bekannte auf.	+ Sie wirken unsicher beim Bezahlen.
C Der Detektiv überführt die zwei jungen Männer.	+ Sie bezahlen mit zwei falschen Geldscheinen.
D Die anderen Verkäufer fielen auf die falschen Geldscheine herein.	+ Die Scheine waren nicht von Profis gemacht.

b Lies die Informationen über das Satzgefüge und das Beispiel.

> **Satzgefüge**
> Du kannst aus zwei Hauptsätzen einen Hauptsatz und einen Nebensatz machen.
> Das nennt man **Satzgefüge.**
> Mit den Konjunktionen (Bindewörtern) als, damit, weil, da, obwohl, sodass, wenn verbindest du
> die Sätze. Das **Komma** setzt du vor die **Konjunktion.**
> Bei einem Nebensatz rückt das Prädikat (was jemand tut) ans Satzende.
> Beispiel: **A** Der Detektiv tarnt sich als Losverkäufer. Er sieht alle Leute genau.
> **A** Der Detektiv tarnt sich als Losverkäufer, damit er alle Leute genau sieht.
>
> Hauptsatz   Komma Konjunktion   Nebensatz

c Verbinde die Satzpaare B bis D zu Satzgefügen.
Schreibe in dein Heft.
Wähle dafür jeweils eine passende Konjunktion (Bindewort) aus.
Setze das Komma.

> **Konjunktionen:**
> , weil • , als • , damit • , da • , obwohl • , sodass • , wenn

B Plötzlich fallen ihm zwei Bekannte auf, weil sie beim ...

d – Markiere in deinen Satzgefügen B bis D die Hauptsätze grün
und die Nebensätze blau.
– Rahme die Konjunktion (das Bindewort) und das Komma rot ein.
– Unterstreiche das Prädikat (was jemand tut) im Nebensatz.
Das Prädikat steht am Satzende.

Ich habe Schwierigkeiten mit *äu* und *eu*. Wie kann ich *Säure* sicher schreiben?

Die Strategien helfen bei euren Rechtschreibfragen.

Wörter...

schwingen · verlängern · zerlegen · ableiten · merken · Nomen erkennen

Rechtschreibgespräch

Warum schreibt man *Tannenzapfen* mit Doppel-*n*?

1 a Seht euch die Bälle auf dem Tisch an. Erinnert ihr euch an die Zeichen?

b Ordnet die Zeichen den Strategien im Regal zu.

Schwingen und Verlängern

die Sauerkirschmarmelade

die Banane
die Aprikose
die Kirsche
die Mandarine
der Holunder
die Pampelmuse

der Schokoladenkuchen

1 a Welche Früchte gibt es am Obststand?
Schreibe die Namen der Früchte in dein Heft.

b Schwinge die Wörter: Sprich sie deutlich in Silben wie
ein Roboter.

c Setze die Silbenbögen.
Tipp: In jeder Silbe befindet sich ein Vokal (Selbstlaut):
a, e, i, o, u, ä, ö, ü, au, äu, eu, ei, ie.
1 der Holunder, 2 …

2 Verlängere die Wörter von Aufgabe 1:
Setze sie dazu mit weiteren Wörtern zusammen.
Schreibe die Wörter in dein Heft.
die Banane + die Schale = die Bananenschale

die Schale •
der Saft •
der Baum •
die Blüten

3 Diktiert euch die Wörter aus Aufgabe 2 als Partnerdiktat.
– Sprecht deutlich in Silben.
– Macht eine Pause, wenn die Partnerin oder der Partner
schreibt.
– Nach der Hälfte der Wörter diktiert die oder der andere.
– Kontrolliert und korrigiert zum Schluss gemeinsam.

die Paprikaschoten
die Mangoscheiben
die Zitronenlimonade
der Pampelmusensaft
Halloween
der Tomatensalat
der Kartoffelsalat
Heute: **Markt**

4 **a** Sprich die Wörter auf den Marktschildern deutlich in Silben.
Tipp: Sprich wie ein Roboter.

b Schreibe die Wörter in dein Heft.

c Setze die Silbenbögen darunter.
die Zitronenlimonade

5 **a** Es stecken 14 Verben (Tuwörter) in der Wortschlange.
Trenne sie mit Strichen.

kostenreitenlegentragenzeigentreibentrinkenblutenbindendenkenhelfentanzenschreibenzaubern

b Sprich jedes Verb (Tuwort) deutlich in Silben wie ein Roboter.
Achte auf die erste Silbe:
Endet sie mit einem Vokal (Selbstlaut):
a, e, i, o, u, ä, ö, ü, au, äu, eu, ei, ie → erste Silbe offen.
Endet sie mit einem Konsonanten (Mitlaut):
b, c, d, f, g, h, j, k, l, m, n, p, q, r, s, t, v, w, x, z → erste Silbe geschlossen.

Strategien erforschen

Strategie Schwingen – Besondere Buchstabenfolgen

1 a Sprich die Wörter deutlich in Silben.
Achtung: Die Wörter in beiden Wortkästen sprichst du
am Anfang mit **sch.**
Aber nur die **Wörter im linken Wortkasten** werden
mit **sch** geschrieben.
Die **Wörter im rechten Wortkasten** werden am Anfang
scht oder **schp** gesprochen, aber **st** oder **sp** geschrieben.

der Sperber

> schwimmen • schreiben •
> schlagen • schmelzen • schreien •
> die Schlange • die Schwalbe

> sprechen • stehen •
> steigen • streiten • speisen •
> die Stare • der Sperber

b Schreibe die Wörter aus beiden Wortkästen in dein Heft.
c Zeichne die Silbenbögen.
schwimmen, …

2 a Sprich die Wörter deutlich Laut für Laut.
Achtung: Man spricht **Kw/kw** und schreibt **Qu/qu.**

> die Quelle • quatschen • quer

b Übe die Schreibbewegungen für **Qu/qu:**
Ziehe mit einem Stift die beiden Buchstabenbilder nach.

3 a Zerlege die Wortschlangen mit Strichen in Einzelwörter.

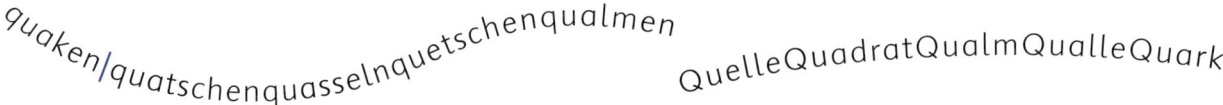

quaken|quatschenquasselnquetschenqualmen   QuelleQuadratQualmQualleQuark

b Schreibe die Wörter in dein Heft.
Tipp: Jedes Wort beginnt mit einem **Qu/qu.**

Strategie Verlängern – Einsilbige Wörter

1 **a** Lies die Wörter deutlich: Wie sprichst du die markierten Buchstaben?

> der Win**d** • der Ber**g** • der Die**b** • das Lan**d** • der Zwer**g** • das Kin**d** • das Sie**b** • die Wan**d**

b Verlängere die Wörter um eine Silbe.
Wie spricht man nun die markierten Buchstaben?
der Win**d** – die Win**d**e

c Schreibe die Wörter mit ihren Verlängerungswörtern (Mehrzahl) in dein Heft.

d Markiere den schwierigen Buchstaben.
der Win**d** – die Win**d**e, der Ber**g** – die ...

2 **a** Lies die Wörter auf der linken Seite deutlich in Silben.

b Am Ende der einsilbigen Wörter klingen einige Buchstaben gleich:
d und **t**, **g** und **k**, **b** und **p**. Markiere sie farbig.

c Verbinde die einsilbigen Wörter mit den Verlängerungswörtern.

d Nun hörst du den Buchstaben deutlich. Markiere auch ihn farbig.

Nomen (Hauptwörter)	**Verlängerung**
der Hun**d**	die Hemden
das Hemd	die Züge
der Zug	die Wälder
der Wald	die Hunde

Verben (Tuwörter)	**Verlängerung**
er saugt	wir zogen
er biegt	wir saugen
er zog	wir bogen
er bog	wir biegen

Adjektive (Wiewörter)	**Verlängerung**
grob	stärker als
stark	klüger als
klug	gröber als

> **Einsilber verlängern**
> Am Ende eines **einsilbigen** Wortes **klingen d** und **t**, **g** und **k**, **b** und **p** gleich.
> Beispiele: der Freun**d**, sie leg**t**, lie**b**
> – **Verlängere** das Wort um eine Silbe.
> – Nun hörst du, wie das Wort geschrieben wird.
> Beispiele:
> der Freund – die Freunde,
> sie legt – wir legen,
> lieb – lieber als

245

Strategie Verlängern –
Mehrsilber mit unklaren Auslauten

 1 **a** Lest die Wörter deutlich in Silben vor.

> **A** der Regen • der Winter •
> der Hagel • wegen •
> sondern • dabei

> **B** der Abend • gesund •
> der Urlaub • der Bussard •
> der Leopard • der Betrug

der Bussard

 b Die Wörter aus dem Wortkasten **A** schreibst du, wie du sie sprichst.
– Schreibe diese Wörter in dein Heft.
– Zeichne die Silbenbögen darunter.
der Regen, …

c Bei den Wörtern aus Kasten **B** hörst du nicht, wie du sie schreiben musst:
d oder t, b oder p und g oder k?
– Schreibe die Wörter ab.
– Markiere die schwierigen Buchstaben.
der Abend

d Verbinde die Wörter mit ihren passenden Verlängerungswörtern.

> der Abend • gesund • der Bussard • der Leopard • der Betrug

> die Leoparden • die Abende • gesünder als • die Betrüger • die Bussarde

2 **a** Lies den Text.

Warum sehen die Vögel im Winter so rund aus?

1 Ein kleiner Vogel ist sehr leicht und klein.
2 Ein Rotkehlchen wiegt so viel wie ein normaler Brief.
3 Im Winter ist es oft hungrig.
4 Es wirkt aber ganz schön kugelig. Woran liegt das?
5 Ein Vogel hat keine Haare, sondern trägt ein Gefieder.
6 Dieser Unterschied ist für den Vogel sehr wichtig.
7 Er kann die einzelnen Federn aufstellen.
8 Die Luft zwischen den Federn wärmt wie eine Daunenjacke.

b Finde **zu den markierten Wörtern** die passenden **Verlängerungswörter.**
Schreibe sie zusammen in dein Heft.

> wichtiger als • hungriger als • wir liegen • wir wiegen • kugeliger als • wir tragen

wiegt – wir wiegen, …

Strategie Ableiten – Wörter mit ä und äu

1 a Untersucht die Wortpaare in Partnerarbeit.
– Lest die Wortpaare deutlich in Silben.
– Welche Buchstaben klingen gleich, aber werden verschieden geschrieben?
Markiert sie.

e oder ä	**eu oder äu**
der Trecker – der Bäcker •	heute – die Häute • die Leute – läuten •
er bellt – er hält • kennen – kämmen •	die Meute – die Mäuse •
letzter – die Plätze	feurig – säuerlich

b Begründe die Schreibung der Wörter mit **ä** und **äu.**
– Schreibe sie in dein Heft.
– Finde dazu verwandte Wörter mit **a** und **au.**
der Trecker, denn es gibt kein verwandtes Wort mit a
der Bäcker, denn das Wort ist verwandt mit backen

2 Leite die Wörter von verwandten Wörtern mit **a** und **au** ab.
Schreibe sie zusammen in dein Heft.

die Bäume • die Zäune • die Länder • die Läuse • die Wände •
die Hände • zählen • wählen

die Bäume – der Baum, …

3 Alle Wörter einer Wortfamilie sind verwandte Wörter und behalten ihre Schreibung.
Beispiel: sauer, die Säure, gesäuert, säuerlich
Markiere verwandte Wörter mit jeweils einer Farbe.
Tipp: Zu jeder Wortfamilie gehören neun Wörter.

die Wahl • häuslich • das Haus • der Haushalt • wählen •
die Häuser • wählerisch • die Wählerschaft •
die Wohnhäuser • der Wähler • der Häuserblock •
die Wahlnacht • hausen • wählbar • der Hausmann •
die Ferienhäuser • wahlberechtigt • gewählt

4 Schreibe die **Reimwörter** daneben.

die Mäuse – die L_____   die Hände – die W_____

die Träume – die B_____   zählen – w_____

Strategie Nomen erkennen und großschreiben

Nomen haben einen Artikel

1 Schreibe die **Nomen mit dem Artikel** (Begleiter) in die passende Liste.
Schreibe die Artikel (Begleiter) farbig.
Tipp: Artikel (Begleiter) sind: der, das, die.

Arbeit • Freude • Sommer • Winter • Polizei • Schnee • Auto • Fuchs •
Kaninchen • Kino • Gemüse • Karotte • Wagen • Pflanze • Licht

männlich	sächlich	weiblich
der Sommer	das	die Arbeit

Nomen in Texten haben verschiedene Begleiter

2 a Schreibe die Sätze in dein Heft.
b Markiere die Artikel (Begleiter), Zahlwörter und
Adjektive (Wiewörter).

Viele Tiere hinter dem Haus

1 Zehn Spatzen finden leckere Körner für die kleinen Spatzenkinder.
2 Die munteren Vögel schaukeln auf den Ästen und pfeifen dabei.
3 Putzige Eichhörnchen klettern in das warme Nest und überstehen
4 so den kalten Winter.
5 Drei Eichkatzen wohnen bei uns in einer hohen Tanne.

das Eichhörnchen

> **Nomen durch Proben erkennen und großschreiben**
> – **Artikelprobe:** Vor Nomen kann man einen Artikel (Begleiter) setzen.
>   Beispiel: der Käfer, ein Käfer • das Insekt, ein Insekt •
>   die Grille, eine Grille
> – **Adjektivprobe:** Nomen kann man durch Adjektive (Wiewörter) genauer beschreiben.
>   Beispiele: kleiner Käfer, ein schönes Insekt, die blaue Grille
> – **Zählprobe:** Nomen kann man zählen.
>   Beispiele: vier Käfer, viele Insekten, tausend Grillen

Regeln verstehen und anwenden

Offene und geschlossene Silben unterscheiden

1 **a** Lies die Wörter in Silben.

b Zähle die Silben.
Trage die Anzahl der Silben in die Kästen hinter den Wörtern ein.

c Setze die Silbenbögen.

d Markiere offene Silben:
Sie enden mit einem **Vokal** (Selbstlaut):
a, e, i, o, u, ä, ö, ü, au, äu, eu, ei, ie.

der Feuersalamander

> der Feu er sa la man der 6 • die Gi raf fen bei ne ☐ •
>
> das Kro ko dil ☐ • der Blü ten bo den ☐ •
>
> die Klap per schlan ge ☐ • der Mäu se bus sard ☐

2 **a** Lies die zweisilbigen Wörter deutlich in Silben.
Betone die erste Silbe.

b Markiere die **Vokale** (Selbstlaute) am Ende der ersten Silbe.

> k<mark>au</mark> fen • hal ten • <mark>le</mark> ben • brem sen • ho len • trin ken •
> die Ber ge • die Trä ne • die Sor te • der Re gen

c Schreibe die Wörter geordnet in eine Tabelle in dein Heft.

d Setze die Silbenbögen.

erste Silbe offen	erste Silbe geschlossen
kau fen	hal ten
...	...

3 **a** Lies den kurzen Text.

Warum springen Bälle vom Boden ab?

1 Wenn man Bälle auf einen harten Boden wirft, bekommen sie
2 eine Delle.
3 Die Hülle aus Gummi gibt nach, und die Luft im Ball wird
4 zusammengedrückt.

b Ordne die sechs markierten Wörter in deine Tabelle
von Aufgabe 2 ein.

Wörter mit Doppelkonsonanten

 1 **a** Lies die Wörter deutlich in Silben.

b Markiere das Ende der ersten Silbe.
Endet die erste Silbe auf einen Vokal (Selbstlaut), ist sie offen.

> beten – die Betten • der Reiter – der Ritter •
>
> die Blume – der Bummel • die Pfeife – die Pfiffe •
>
> die Hüte – die Hütte • der Besen – besser

c Schreibe die Wörter geordnet in eine Tabelle in dein Heft.

d Setze die Silbenbögen.

erste Silbe offen	erste Silbe geschlossen
beten	die Betten
…	…

2 Sprich die Wörter deutlich in Silben.
Achte auf die **Konsonanten** (Mitlaute) in der Wortmitte.

> der Morgen • der Himmel • der Winter • die Hummel • die Sterne •
> die Ente • pennen • immer • halten • bremsen

3 **a** Schreibe die Wörter von Aufgabe 2 geordnet in eine Tabelle
in dein Heft.

b Setze die Silbenbögen.

Wörter mit zwei gleichen Konsonanten (Mitlauten)	Wörter mit zwei verschiedenen Konsonanten (Mitlauten)
der Himmel	der Morgen
…	…

c Finde für die Tabelle je drei weitere Zweisilber im Text.
Schreibe sie in die entsprechende Spalte.

Warum zittern Hummeln?

1 Die ersten Insekten im Frühling sind die **Hummeln.**

2 Warum sind sie **schneller** als **andere** Insekten?

3 Vertragen sie die **Kälte besser,** weil sie einen Pelz haben?

4 Nein. Sie **können** ihren **Körper** durch **Zittern** aufwärmen.

5 Wenn sie 30 Grad erreicht haben, können sie starten.

Wörter mit ck und tz

 1 **a** Lies die Wörter deutlich in Silben.

b Vergleicht die deutsche und die niederländische Schreibung.

deutsch:	der Bä**ck**er • der We**ck**er • pi**ck**en
niederländisch:	de Ba**kk**er • de We**kk**er • pi**kk**en

 **2** **a** Sprich die Wörter deutlich in Silben.

b Zeichne die Silbenbögen.

spuken – die Gurke – gucken

der Haken – die Harke – die Hacke

der Ekel – der Erker – die Ecke

der Erker

3 Ordne die Wörter passend in die Tabelle ein.

erste Silbe offen	erste Silbe geschlossen	
	zwei gleiche **Konsonanten** (Mitlaute)	zwei verschiedene **Konsonanten** (Mitlaute)
spuken	gucken	die Gurke

 4 **a** Lies die Wörter deutlich.

 b Ergänze die Reimwörter: tanzt, putzt, schwitzt, Witz, Tatze, petzt.

 c Schreibe die verlängerten Wörter daneben.

er hetzt – er p_____   wir hetzen – wir p_____

er nutzt – er p_____   wir _____

sie pflanzt – sie t_____   wir _____

der Blitz – der W_____   die _____

er sitzt – er schw_____   wir _____

die Katze – die T_____   die _____

i oder ie? – Achtet auf die erste Silbe!

1 **a** Lies die Wörter.

> singen – siegen • bitten – bieten • die Wiesen – wissen • der Riese – die Risse

b Schreibe die Wörter geordnet in die Liste.

c Setze die Silbenbögen.

d Markiere die erste Silbe:
  – wenn sie offen ist, also auf einen Vokal (Selbstlaut) endet, <mark>mit einer Farbe.</mark>
  – wenn sie geschlossen ist, also auf einen Konsonanten (Mitlaut) endet, <mark>mit einer anderen Farbe.</mark>

Wörter mit ie – langer i-Laut:

siegen, …

Wörter mit i – kurzer i-Laut:

singen, …

2 **a** Schreibe die einsilbigen Wörter und daneben jeweils das verlängerte Wort auf die Zeilen.

b Setze **Silbenbögen** unter die verlängerten zweisilbigen Wörter.

c Unterstreiche bei den verlängerten Wörtern die **offenen Silben.**

d Markiere das lange **ie** mit einer Farbe.

> der Griff • das Spiel • der Brief • das Ziel • das Kind • es blinkt • er spielt • er winkt • sie fliegt • sie bringt

der Griff – die Griffe, das Spiel – die Spiele,

Wörter mit s-Laut: s, ß oder Doppel-s?

1 **a** Lies die Wörter deutlich.

das Glas • das Gleis • das Gras • der Kreis	der Kuss • der Pass • der Riss • das Fass	der Spaß • der Gruß • der Kloß • der Fuß

b Welche Aussage trifft zu? Kreuze an.

A ⬚ Man spricht die s-Laute im Einsilber in allen Wortkästen gleich aus.

B ⬚ Man kann die Unterschiede in der s-Schreibung deutlich hören.

2 **a** Übertrage die Tabelle in dein Heft.
b Schreibe die Wörter mit dem Verlängerungswort in die richtige Spalte.

Wörter mit s	Wörter mit Doppel-s	Wörter mit ß
das Glas – die Gläser	der Kuss – die Küsse	der Spaß – die Späße
…	…	…

c Lies die zweisilbigen Wörter in der Tabelle deutlich.
Achte auf Unterschiede beim **s**-Laut.
 – Beim **s** ist die erste Silbe offen. Man spricht den **s**-Laut summend. (lesen)
 – Beim **ß** ist die erste Silbe offen. Man spricht den **s**-Laut zischend. (Straße)
 – Beim Doppel-**s** ist die erste Silbe geschlossen. Man spricht den **s**-Laut zischend. (Schlüssel)

3 Verbinde die Wörter jeweils mit dem passenden Luftballon.

Wörter mit h – hörbar oder nicht?

1 a Lies die einsilbigen Wörter.
Kannst du das **h** hören?

> ihr steht • der Schuh • das Reh • der Floh • sie blüht • es geht •
> ihr seht • der Zeh

b Mache das **h** hörbar: Verlängere dazu die einsilbigen Wörter.
Schreibe die Wörter mit den Verlängerungswörtern in dein Heft.
Tipp: Wenn das **h** zur **zweiten** Silbe gehört, dann ist es **hörbar.**
ihr steht – wir stehen, der Schuh – die Schuhe, …

2 a Lies die einsilbigen Wörter.
Kannst du das **h** hören?

> der Sohn • die Zahl • der Zahn • der Hahn • kühl • der Lohn •
> die Wahl

b Bei diesen einsilbigen Wörtern kann man das **h nicht** hörbar machen.
Schreibe die Wörter **untereinander** in dein Heft.

c Schreibe neben jedes Wort das **passende Verlängerungswort:**
die Wahlen, die Hähne, kühler, die Zähne, die Zahlen, die Löhne, die Söhne.

d Setze **Silbenbögen** unter das Verlängerungswort.
der Sohn – die Söhne, …

3 a Markiere alle Wörter derselben Wortfamilie mit derselben Farbe.
Alle Wörter in diesen Wortfamilien werden mit **h** geschrieben.

> be**zahl**en • ab**kühl**en • ge**kühl**t • die **Zahl** • die Kühlbox •
> aus**kühl**en • ge**zahl**t • die **Wahl**urne • das Wahllokal •
> ge**wähl**t • die **Zahl**ung • **wähl**erisch • **kühl**en

b Schreibe die drei Wortfamilien geordnet in dein Heft.
Beginne so:
bezahlen, die Zahl, …

> **Wörter mit h**
> – Bei einsilbigen Wörtern kann man das **h** in der Mitte oder am Ende
>   nicht hören. Beispiele: das Reh, der Zahn
> – In manchen Wörtern kann man das **h durch Verlängern hörbar**
>   machen. Beispiel: die Rehe – das **h** öffnet die zweite Silbe.
> – In anderen Wörtern kann man das **h nicht hörbar** machen.
>   Beispiel: die Zähne – diese Wörter musst du üben.
>   Es sind **Merkwörter.**

Merkwörter

 1 **a** Lies die Wörter deutlich.
Wie unterschiedlich wird das **v/V** ausgesprochen?

> bevor • davon • die Kurve • der November • der Pullover • die Vase •
> der Vater • der Vogel • das Volk • voll • vom • von • vorn • das Vieh •
> viel • vier • vielleicht

b Schreibe die Wörter in dein Heft.
c Markiere das v/V farbig.

2 Wörter mit den Vorsilben **ver-** und **vor-** schreibt man immer mit **v.**
Beispiele: verfahren, vorfahren
Schreibe vier weitere Wörter mit **ver-** und vier Wörter mit **vor-** in dein Heft.
Tipp: Suche auf der Seite 264 und im Wörterbuch nach diesen Vorsilben.
verschlafen, …
vorlaut, …

 3 **a** Lies die Wörter.
b Markiere in jedem Wort die schwierige Stelle farbig.

> sechs • wechseln • der Luchs • der Dachs • der Fuchs

> links • der Keks

> boxen • das Taxi • der Luxus • die Hexe • der Text

der Fuchs

der Fuchs

 4 **a** Schreibt jedes Merkwort auf zwei Kärtchen.
b Spielt Memory mit einer Partnerin oder einem Partner.

 **5** Wörter, die man nicht verlängern kann, muss man sich merken.
– Suche dir jeden Tag **vier Wörter** heraus und lerne sie.
– Wenn du sie ohne Fehler schreiben kannst, umkreise sie farbig.

> und • denn • dann • jetzt • wenn • wann • ihr • seid • als • heraus •
> herein • voraus • vielleicht • ein bisschen • darüber • darunter

> **Merkwörter**
> **Merkwörter** sind Wörter, die **mit keiner Strategie zu knacken** sind.
> Man muss ihre Schreibung lernen.
> – Es sind Wörter mit **v** und mit dem **x**-Laut.
>   Beispiele: die Vase, hexen
> – Merkwörter sind auch alle einsilbigen und kurzen Wörter,
>   die man **nicht verlängern kann.**
>   Beispiele: als, voraus

Im Wörterbuch nachschlagen

👁 **1** **a** Sieh dir den Ausschnitt aus der Wörterbuchseite an:
– Das **Kopfwort** gibt das **erste Wort auf der Seite** an.
So macht es dir die Suche im Wörterbuch leichter.
– Das **letzte Wort** auf dieser Wörterbuchseite heißt **Verstand.**

1 das Kopfwort   **2 der Artikel**

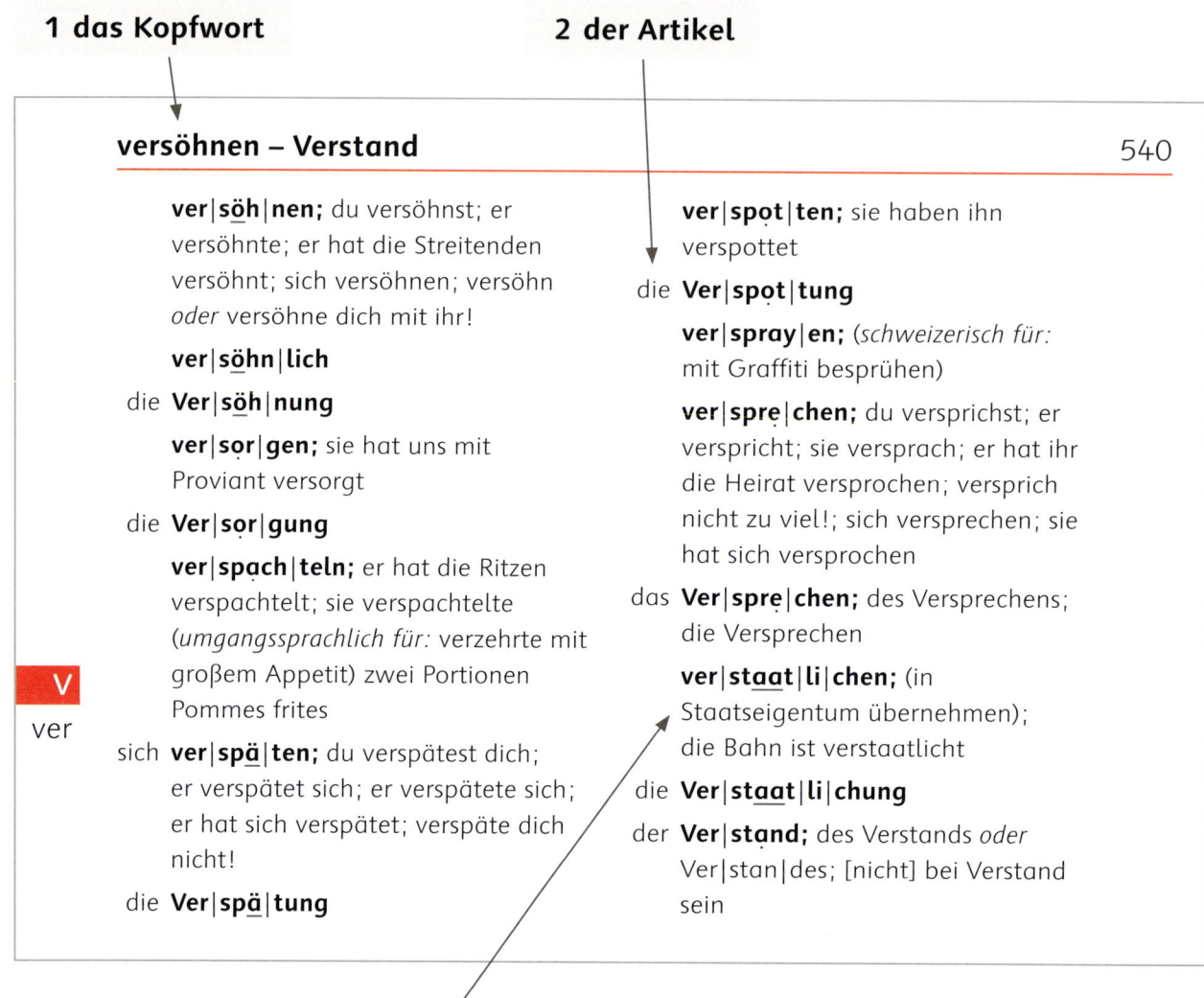

versöhnen – Verstand   540

ver|söh|nen; du versöhnst; er versöhnte; er hat die Streitenden versöhnt; sich versöhnen; versöhn *oder* versöhne dich mit ihr!
ver|söhn|lich
die **Ver|söh|nung**
ver|sor|gen; sie hat uns mit Proviant versorgt
die **Ver|sor|gung**
ver|spach|teln; er hat die Ritzen verspachtelt; sie verspachtelte (*umgangssprachlich für:* verzehrte mit großem Appetit) zwei Portionen Pommes frites
sich **ver|spä|ten;** du verspätest dich; er verspätet sich; er verspätete sich; er hat sich verspätet; verspäte dich nicht!
die **Ver|spä|tung**

V
ver

ver|spot|ten; sie haben ihn verspottet
die **Ver|spot|tung**
ver|spray|en; (*schweizerisch für:* mit Graffiti besprühen)
ver|spre|chen; du versprichst; er verspricht; sie versprach; er hat ihr die Heirat versprochen; versprich nicht zu viel!; sich versprechen; sie hat sich versprochen
das **Ver|spre|chen;** des Versprechens; die Versprechen
ver|staat|li|chen; (in Staatseigentum übernehmen); die Bahn ist verstaatlicht
die **Ver|staat|li|chung**
der **Ver|stand;** des Verstands *oder* Ver|stan|des; [nicht] bei Verstand sein

3 die Bedeutung

✏ **b** Welche der folgenden Nomen kannst du auf dieser Seite finden? Markiere diese Wörter.

✏ **c** Schreibe die Artikel (Begleiter) vor die Nomen.

_____ Versteck, _____ Verstand, _____ Versöhnung

_____ Versprechen, _____ Verein, _____ Verspätung

▶ **Im Wörterbuch nachschlagen**
Du kannst im Wörterbuch nachschlagen,
– wenn du ein Wort **nicht kennst** oder
– wenn du nicht weißt, **wie** ein Wort **geschrieben wird.**

Nachdenken über Sprache

Wortarten

Das Nomen (Hauptwort)

- Nomen bezeichnen:
  - **Lebewesen** wie Freund, Mücke,
  - **Gegenstände** wie Tisch, Straße,
  - **Gedanken, Gefühle, Zustände** wie Freude, Sauberkeit.

- Es gibt
  - **männliche** Nomen, zum Beispiel: **der** Junge, **der** Eimer, **der** Ärger,
  - **weibliche** Nomen, zum Beispiel: **die** Frau, **die** Kelle, **die** Freude,
  - **sächliche** Nomen, zum Beispiel: **das** Kind, **das** Wasser, **das** Wetter.

  - Nomen, in der **Einzahl** (Singular) oder in der **Mehrzahl** (Plural):
    der Junge – **die** Jungen,
    die Frau – **die** Frauen,
    das Kind – **die** Kinder.

- Nomen schreibt man am Wortanfang immer **groß.**

Nomen und ihre vier Fälle

Du kannst den Fall mit Fragen ermitteln.

Wer oder was …?	Wessen …?	Wem …?	Wen oder was …?
→ Nominativ (1. Fall)	→ Genitiv (2. Fall)	→ Dativ (3. Fall)	→ Akkusativ (4. Fall)
Wer (oder was) geht nach Hause?	Wessen Handy ist das?	Wem gehört das Buch?	Wen (oder was) ärgere ich?
das Kind	des Kindes	dem Kind	das Kind

Das Adjektiv (Wiewort)

- Adjektive beschreiben etwas genauer.
  Beispiel: die knusprigen Pommes

- Du fragst: **Wie** sind die Pommes?
  Antwort: knusprig = Wiewort (Adjektiv)

- Adjektive schreibt man **klein.**

- Adjektive kannst du **steigern.**
  - **der Positiv** (Grundstufe): lang → Die Pommes sind so lang wie mein Finger.
  - **der Komparativ** (Höherstufe): länger → Die Pommes sind länger als mein Finger.
  - **der Superlativ** (Höchststufe): am längsten → Die Pommes sind hier am längsten.

Die Präposition (das Verhältniswort)

- Präpositionen stehen **vor Nomen** und bestimmen den **Fall** (Kasus),
  in dem das Nomen und sein Artikel stehen müssen.
  Beispiele: für, ohne, durch, seit, nach, bei, während, zu, aus, an, auf, unter, mit
  Er fährt mit dem Fahrrad.

Das Pronomen (Fürwort)

- **Personalpronomen** sind: ich, du, er, sie, es, wir, ihr, sie, mich, dich, ihn, euch, mir.
  Sie stehen für Nomen. Sie können **Nomen ersetzen.**
  Beispiel: **Der Schüler** sieht den Fisch. → Er sieht den Fisch.

- **Possessivpronomen** sind: mein, meine, dein, deine, ihr, ihre, sein, seine, unser, euer.
  Sie geben an, **wem etwas gehört.**
  Beispiele: meine Tasche, ihr Rucksack

Das Verb (Tuwort)

- Verben zeigen, was jemand tut.
  Beispiele: bauen, fahren, essen, schlafen, tanzen

- Die **Grundform** endet auf **-en** oder **-n.**
  Beispiele: sprechen, klettern

- Verben können ihre **Endung verändern:**
  ich baue, du baust, er baut, sie baut, es baut, wir bauen, ihr baut, sie bauen.

- Verben werden **kleingeschrieben.**

Mit Verben kann man zeigen, **wann** etwas passiert.

Das Präsens (Gegenwart)
Etwas **geschieht gerade.**
Beispiel: Das Mädchen übt jetzt **gerade** für das Fest.

Das Futur I (Zukunft)
Etwas **passiert später.**
Beispiel: Sie wird an dem Fest im **nächsten Jahr** teilnehmen.

Das Präteritum (Vergangenheit)
Wenn man **schriftlich** von **etwas Vergangenem** erzählt,
nimmt man das Präteritum.
Beispiel: Sie kletterte **gestern.**

Das Perfekt (Vergangenheit mündlich)
Wenn man **mündlich** von **etwas Vergangenem** erzählt,
nimmt man das Perfekt.
Beispiel: Sie ist **gestern** geklettert.

Satzglieder und Sätze

Das Subjekt

- Das Subjekt gibt an, **wer oder was** etwas tut.
  Beispiel: Die Katze geht über das Dach.

- Du kannst das Subjekt mit **Wer oder was …?** erfragen.
  Beispiel: Wer oder was ist schon alt? Antwort: die Katze (Subjekt)

Das Prädikat

- Das Prädikat gibt an, **was jemand tut** oder **was geschieht.**
  Beispiel: Die Katze schläft.

- Im Aussagesatz steht das Prädikat immer **an zweiter Stelle.**
  Beispiel:

Die Katze	schläft	zufrieden	auf dem Sofa.
Auf dem Sofa	schläft	die Katze	zufrieden.
Zufrieden	schläft	die Katze	auf dem Sofa.

Die Satzreihe

- Einen **Satz,** der aus **zwei oder mehr Hauptsätzen** besteht, nennt man **Satzreihe.**
  In Satzreihen trennt man die einzelnen Hauptsätze durch **Komma** ab.
  Beispiel: Herr Busch ist verzweifelt, ein Betrüger bezahlt mit Falschgeld.

  Hauptsatz 1   Komma   Hauptsatz 2

- Oft verbindet man Hauptsätze durch **Konjunktionen** (Bindewörter).
  Beispiele: aber, denn, doch
  Dann setzt man vor der Konjunktion ein **Komma.**
  Beispiel: Der Detektiv übernimmt den Fall, denn er hat eine Idee.

Das Satzgefüge

- Einen **Satz,** der aus **einem Hauptsatz** und **einem Nebensatz** besteht,
  nennt man **Satzgefüge.**

- Mit den **Konjunktionen** (Bindewörtern) als, damit, weil, da, obwohl, sodass, wenn
  verbindest du die Sätze.

- Das **Komma** setzt du **vor die Konjunktion.**

- Bei einem **Nebensatz** rückt das **Prädikat** (was jemand tut) ans **Satzende.**
  Beispiel: **A** Der Detektiv tarnt sich als Losverkäufer. Er sieht alle Leute genau.
  B Der Detektiv tarnt sich als Losverkäufer, damit er alle Leute genau sieht.

  Hauptsatz   Komma Konjunktion   Nebensatz

Rechtschreibtricks

Schwingen

Wenn du Wörter schwingst, kannst du die einzelnen Buchstaben besser hören.
- Sprich **vor dem Schreiben** die Wörter deutlich in Silben.
  Zeichne Silbenbögen in die Luft. Beispiele: die Banane, die Mandarine

- Sprich **beim Schreiben** die Silben leise mit.

Verlängern

Wörter verlängern und schwingen
Wenn du einzelne Buchstaben **nicht gut hören** kannst, verlängere das Wort.
Dann kannst du beim Schwingen **jeden Buchstaben** genau hören.
So verlängerst du:
- **Nomen** (Hauptwörter): Bilde die Mehrzahl (Plural). Beispiel: der Freund – die Freunde

- **Verben** (Tuwörter): Bilde die wir-Form. Beispiel: er legt – wir legen

- **Adjektive** (Wiewörter): Bilde die Steigerungsform. Beispiel: lieb – lieber als

Wörter mit ä und äu ableiten

- Du schreibst ä und nicht e, wenn es verwandte Wörter mit a gibt.
  Beispiele: die Kälte – kalt   die Äste – der Ast

- Du schreibst äu und nicht eu, wenn es verwandte Wörter mit au gibt.
  Beispiele: die Bäume – der Baum   die Räume – der Raum

Rechtschreibregeln

Wörter mit i oder ie

- Die meisten **i**-Laute schreibst du mit **i.**

- Du schreibst immer **i,** wenn die erste Silbe **geschlossen** ist. Beispiel: der Winter

- Du schreibst **ie,** wenn die erste Silbe mit dem **i**-Laut **offen** ist. Beispiel: die Wiese

Wörter mit s, Doppel-s oder ß

- Beim s ist die erste Silbe **offen.** Du sprichst den **s**-Laut **summend.**
  Beispiel: lesen

- Beim Doppel-s ist die erste Silbe **geschlossen.** Du sprichst den **s**-Laut **zischend.**
  Beispiel: der Schlüssel

- Beim ß ist die erste Silbe **offen.** Du sprichst den s-Laut **zischend.**
  Beispiel: die Straße

Schwierige Verben im Überblick

Infinitiv (Grundform)	Präsens (Gegenwart)	Präteritum (Vergangenheit)	Perfekt (Vergangenheit mündlich)
anfangen	du fängst an	er fing an	er hat angefangen
beginnen	du beginnst	sie begann	sie hat begonnen
bekommen	du bekommst	sie bekam	sie hat bekommen
bieten	du bietest	er bot	er hat geboten
bitten	du bittest	sie bat	sie hat gebeten
bleiben	du bleibst	sie blieb	sie ist geblieben
brechen	du brichst	sie brach	sie hat gebrochen
brennen	es brennt	es brannte	es hat gebrannt
bringen	du bringst	sie brachte	sie hat gebracht
dürfen	du darfst	er durfte	er hat gedurft
einladen	du lädst ein	sie lud ein	sie hat eingeladen
essen	du isst	er aß	er hat gegessen
fahren	du fährst	sie fuhr	sie ist gefahren
fallen	du fällst	er fiel	er ist gefallen
fangen	du fängst	sie fing	sie hat gefangen
finden	du findest	er fand	er hat gefunden
fließen	es fließt	es floss	es ist geflossen
frieren	du frierst	er fror	er hat gefroren
geben	du gibst	er gab	er hat gegeben
gehen	du gehst	er ging	er ist gegangen
genießen	du genießt	sie genoss	sie hat genossen
greifen	du greifst	sie griff	sie hat gegriffen
haben	du hast	er hatte	er hat gehabt
halten	du hältst	sie hielt	sie hat gehalten
heben	du hebst	er hob	er hat gehoben
heißen	du heißt	sie hieß	sie hat geheißen
helfen	du hilfst	er half	er hat geholfen
kennen	du kennst	sie kannte	sie hat gekannt
kommen	du kommst	sie kam	sie ist gekommen
können	du kannst	er konnte	er hat gekonnt
lassen	du lässt	sie ließ	sie hat gelassen
laufen	du läufst	er lief	er ist gelaufen
leiden	du leidest	sie litt	sie hat gelitten

Infinitiv (Grundform)	Präsens (Gegenwart)	Präteritum (Vergangenheit)	Perfekt (Vergangenheit mündlich)
lesen	du liest	er las	er hat gelesen
liegen	du liegst	er lag	er hat gelegen
mögen	du magst	sie mochte	sie hat gemocht
nehmen	du nimmst	er nahm	er hat genommen
raten	du rätst	sie riet	sie hat geraten
reiten	du reitest	er ritt	er ist geritten
rennen	du rennst	sie rannte	sie ist gerannt
riechen	du riechst	er roch	er hat gerochen
rufen	du rufst	sie rief	sie hat gerufen
schlafen	du schläfst	er schlief	er hat geschlafen
schleichen	du schleichst	sie schlich	sie ist geschlichen
schließen	du schließt	sie schloss	sie hat geschlossen
schneiden	du schneidest	er schnitt	er hat geschnitten
schreien	du schreist	er schrie	er hat geschrien
schwimmen	du schwimmst	er schwamm	er ist geschwommen
sehen	du siehst	sie sah	sie hat gesehen
sein	du bist	er war	er ist gewesen
singen	du singst	er sang	er hat gesungen
sitzen	du sitzt	sie saß	sie ist/hat gesessen
sprechen	du sprichst	sie sprach	sie hat gesprochen
springen	du springst	es sprang	es ist gesprungen
stehen	du stehst	er stand	er ist/hat gestanden
stoßen	du stößt	er stieß	er hat gestoßen
streiten	du streitest	sie stritt	sie hat gestritten
treffen	du triffst	er traf	er hat getroffen
treten	du trittst	sie trat	sie hat getreten
tun	du tust	er tat	er hat getan
vergessen	du vergisst	sie vergaß	sie hat vergessen
verlieren	du verlierst	er verlor	er hat verloren
verzeihen	du verzeihst	sie verzieh	sie hat verziehen
wachsen	du wächst	er wuchs	er ist gewachsen
werden	du wirst	sie wurde	sie ist geworden
wissen	du weißt	sie wusste	sie hat gewusst
wollen	du willst	sie wollte	sie hat gewollt
ziehen	du ziehst	er zog	er hat gezogen

ÄSOP (UM 600 V. CHR.)

128 Vom Fuchs und Hahn
aus: https://www.projekt-gutenberg.org/
aesop/fabeln/chap003.html [08.10.2020]
(gekürzt und vereinfacht)

130 Der Löwe und das Mäuschen
aus: https://www.projekt-gutenberg.org/
aesop/fabeln/chap026.html [06.11.2020]
(vereinfacht)

134 Der Löwe und die Mücke
Originalbeitrag nach Äsop

BÄCHLER, WOLFGANG (1925–2007)

148 Der Abend im Frack
aus: Gesammelte Gedichte. Hrsg. von
Katja Bächler und Jürgen Hosemann.
Frankfurt a. M.: S. Fischer Verlag 2012,
S. 264

BENSE, MAX (1910–1990)

152 Wolke
aus: konkrete poesie international.
Hrsg. von Max Bense und Elisabeth
Walther. Stuttgart: Edition rot 1965

BRITTING, GEORG (1891–1964)

149 Am offenen Fenster bei Hagelgewitter
aus: Gedichte. 1919–1939. Gesamtausgabe
in Einzelbänden, Bd. 1. München: Nym-
phenburger Verlagshandlung 1957, S. 56

ERHARDT, HEINZ (1909–1979)

147 Was duftet da?
aus: Die Gedichte. Oldenburg / Hamburg:
Lappan Verlag 2016, S. 81

GUGGENMOS, JOSEF (1922–2003)

155 Die Tulpe
aus: Josef Guggenmos: Was denkt die
Maus am Donnerstag? 123 Gedichte für
Kinder. Recklinghausen: Bitter 1967, S. 31

JANISCH, HEINZ (*1960)

88 Münchhausen: Die Schlacht zur
Weißen Feder
aus: Der Ritt auf dem Seepferd. Neues von
Münchhausen. Berlin: Aufbau Verlags-
gruppe 2007 (gekürzt und vereinfacht)

JELDEN, CAROLIN (*1977)

161, 162, 167, 171 Artus
aus: Artus. Hamburg: Verlag für Kinder-
theater Weitendorf GmbH 2018, S. 3–10,
15–18, 23–24, 37–38 (gekürzt und vereinfacht)

KALÉKO, MASCHA (1907–1975)

144 Die vier Jahreszeiten
aus: Die paar leuchtenden Jahre.
Hrsg. von Gisela Zoch-Westphal. München:
Deutscher Taschenbuchverlag 2010,
S. 172–173

MORGENSTERN, CHRISTIAN (1871–1914)

146 Der Schaukelstuhl auf der verlassenen
Terrasse
aus: Gedichte in einem Band.
Hrsg. von Reinhardt Habel. Frankfurt a. M.:
Insel Verlag 2015, S. 26

MOSER, ERWIN (1954–2017)

150 Gewitter
aus: Überall und neben dir. Gedichte
für Kinder in sieben Abteilungen.
Hrsg. von Hans-Joachim Gelberg. Weinheim und Basel: Beltz Verlag 1986, S. 260

NAOURA, SALAH (*1964)

59 Chris, der größte Retter aller Zeiten
aus: Salah Naoura: Chris, der größte Retter
aller Zeiten. Beltz und Gelberg 2015,
S. 47–49 (gekürzt und vereinfacht)

OVERLÄNDER, MIRCO

25 Junge Filmfans haben die Wahl
aus: Frankfurter Societäts-Medien GmbH /
Mirco Overländer (gekürzt und vereinfacht),
Textzitate

PESTUM, JO (1936–2020)

98 Mein rosa Freund
aus: Hör mal zu, wenn ich erzähl.
Geschichten von Autoren von Kindern
weitererzählt. Hrsg. von Kultusministerium
Rheinland-Pfalz. Anrich Verlag 1986,
S. 117–118, 179–181 (gekürzt und
vereinfacht)

SCHIRNECK, HUBERT (*1962)

91 Der Verwandlungskünstler
aus: Hubert Schirneck: Der Verwandlungskünstler. © Hubert Schirneck, Weimar
(gekürzt und vereinfacht)

UEBE, INGRID (1932–2018)

97 Münchhausen: Erste Schiffsreise
aus: Die Abenteuer des Barons von Münchhausen. Leserabe. Ravensburg: Ravensbur-
ger Buchverlag 2009, S. 43–44 (gekürzt und
vereinfacht)

**Unbekannte/Ungenannte Autorinnen und
Autoren**

24 Kinderjury schaute 26 Filme
aus: FUNKE Medien NRW GmbH /
Katrin Martens (gekürzt und vereinfacht)

143 (links unten) Der Herbst, der Herbst
aus: https://kindergaudi.de/lied/der-herbst-
der-herbst-der-herbst-ist-da/ [14.01.2021]

143 (rechts unten) ABC, die Katze lief im
Schnee
aus: https://kinderliederzummitsingen.de/
abc-die-katze-lief-im-schnee/ [14.01.2021]

264 Textauszug
aus: Schülerduden Rechtschreibung,
Nachschlagen, Regeln verstehen, Richtig
schreiben, Duden. Berlin: Bibliographisches
Institut GmbH 2018, S. 540

Originalbeiträge

184 Achtung, Bugs! –
Motten im Computer
208 Aprilscherze in Paris erleben
212 Bau eines neunstöckigen Menschen-
turms am Tag des Heiligen Georg
16 Bericht über das Schulsportfest
am 15.09.
78 Buschball – Eine Sportart beschreiben
33 Chat über das Klassenhaustier
187 Chat zum Kennenlernen
70 Das Downhill-Longboard
180 Das ganze Jahr über Ostern? –
Ostereier im Computer
204 Den „nassen Montag" in Warschau
feiern
136 Der Affe als Schiedsrichter
118 Der Schatz vom Weidenhof
222 Detektiv Erdem findet den Bankräuber
226 Detektiv Erdem löst den Falschgeld-
Fall
229 Detektiv Erdem sucht die Betrüger auf
einem Volksfest
36 Die Hundedame Curry
215 Die Parade zum „Saint Patrick's Day"
in Dublin anschauen
223 Einbruch bei Herrn Unterbusch?
207 Fahrrad fahren in Amsterdam
54 Freunde halten zusammen
50 Freunde mit Köpfchen
160 König Artus
210 Menschentürme in Barcelona bauen
206 Pommes essen in Brüssel
188 Profilseite in sozialem Netzwerk
114 Richmodis von Aducht
107 Sagen aus dem antiken Griechenland
42 Schafhaltung an der Einstein-Schule
43 Schulchat
178 So schwer wie ein Auto –
Der erste Computer
110 Theseus kämpft gegen den
Minotaurus
113 Theseus' Rückkehr nach Athen
108 Über die Kindheit und die Jugend
des Helden Theseus
20 Unfallbericht: Max
20 Unfallbericht: Timon
252 Viele Tiere hinter dem Haus
246 Warum sehen die Vögel im Winter
so rund aus?
256 Warum springen Bälle vom Boden
ab?
257 Warum zittern Hummeln?

Quellenvermerk

Vorsatz vorn: Seite rechts aus dem
Schülerbuch (ISBN 978-3-06-063401-9)

S. 13: Shutterstock.com/Sergey Novikov; **S. 18:** Shutterstock.com/Mauro Rodrigues; **S. 20 oben links:** Shutterstock.com/clearviewstock; **Mitte links:** Shutterstock.com/Ben Gingell; **S. 22 oben:** Shutterstock.com/Bohbeh; **unten:** Shutterstock.com/olgalngs; **S. 24:** Shutterstock.com/little star; **S. 31:** Katze: Shutterstock/Africa Studio; Geburtstagsdekoration: Cornelsen/Rüdiger Trebels; **S. 32 oben links:** Shutterstock.com/travelview; **oben Mitte:** Shutterstock.com/Nina Buday; **oben rechts:** Shutterstock.com/Elnur; **S. 34:** Wellensittich: Shutterstock.com/photomaster; Junge und Mädchen: Cornelsen/Rüdiger Trebels; **S. 36:** Shutterstock.com/Elena11; **S. 42:** Shutterstock.com/Christophe Francois; **S. 59:** Cover: Salah Naoura: Chris, der größte Retter aller Zeiten. Beltz & Gelberg, Weinheim 2015; **S. 67 links:** Shutterstock.com/travelview; **rechts:** dpa Picture-Alliance/Kay Nietfeld; **S. 68/69:** Hintergrund: Cornelsen/Rüdiger Trebels; Kugeln: Shutterstock.com/Stalexandre; Einradfahrer: Shutterstock.com/Picture Partners; Basketballerin: Shutterstock.com/Duplass; Kind beim Yoga: Shutterstock.com/Pixel-Shot; Federball: Shutterstock.com/pukach; Hund: Shutterstock.com/SikorskiFotografie; Skateboard: Shutterstock.com/xiaorui; Junge auf Fahrrad: Shutterstock.com/Attl Tibor; Klettergerüst: Shutterstock.com/wandee007; **S. 70 oben rechts:** Shutterstock.com/mekcar; **unten rechts:** Shutterstock.com/KYTan; **S. 72:** Shutterstock.com/pinholeimaging; **S. 74:** Shutterstock.com/Gilang Prihardono; **S. 75:** Shutterstock.com/Gilang Prihardono; **S. 155 oben rechts:** Shutterstock.com/Maglara; **unten rechts:** Shutterstock.com/weecho; **S. 159:** © picture alliance/ZB/Martin Schutt; **S. 160:** stock.adobe.com/Erica Guilane-Nachez; **S. 177:** Shutterstock.com/Dragon Images; **S. 178 oben links:** Shutterstock.com/Tero Vesalainen; **oben rechts:** interfoto e. k./SF; **S. 179 oben links:** interfoto e. k./Sammlung Dieter Meinhardt; **oben rechts:** interfoto e. k./Science & Society; **S. 180:** Computer: Shutterstock.com/Artsplav; Mann: Cornelsen/Vera Brüggemann; **S. 184 oben rechts:** Shutterstock.com/Alena Ozerova; **oben Mitte:** Shutterstock.com/Chelnokov Vladimir; **unten rechts:** Shutterstock.com/Veselka; **S. 187:** Shutterstock.com/Denis Gorelkin; **S. 188 oben:** Shutterstock.com/Iakov Filimonov; **Mitte links:** Shutterstock.com/Iakov Filimonov; **Mitte 2. v. links:** Shutterstock.com/Benevolente82; **Mitte rechts:** Shutterstock.com/Lapina; Shutterstock.com/Denis Gorelkin (Emoji); **unten links:** Shutterstock.com/Iakov Filimonov; Shutterstock.com/Denis Gorelkin (Emoji); **unten 2. v. links:** Shutterstock.com/Iakov Filimonov; **unten rechts:** Shutterstock.com/Wachiraphorn Thongya; Shutterstock.com/Denis Gorelkin (Emoji); **S. 202 oben links:** Forum/Bridgeman Images; **oben rechts:** Shutterstock.com/Konmac; **Mitte links:** Shutterstock.com/davide bonaldo; **Mitte rechts:** © picture alliance /AA /Ayhan Mehmet; **S. 203 oben links:** Shutterstock.com/MarinaD_37; **oben rechts:** Shutterstock.com/nito; **Mitte rechts:** Shutterstock.com/Radoslav Katanik; **S. 204:** Forum/Bridgeman Images; **S. 206:** Shutterstock.com/r.classen; **S. 207:** mauritius images/alamy stock photo/Edward Westmacott; **S. 210 oben rechts:** mauritius images/Universal Images Group North America LLC/DeAgostini; **Mitte links:** Shutterstock.com/Krakenimages.com; **S. 215 oben links:** Imago Stock & People GmbH/ZUMA Press/imago images; **oben rechts:** Shutterstock.com/Alexander Tolstykh; **S. 244:** Shutterstock.com/Bildagentur Zoonar GmbH; **S. 246 oben rechts:** Shutterstock.com/Allexxandar; **unten rechts:** Shutterstock.com/Erni; **S. 252:** Shutterstock.com/Menno Schaefer; **S. 256:** Shutterstock.com/Tremor Photography; **S. 257:** Shutterstock.com/Mauricio Acosta Rojas; **S. 259:** Shutterstock.com/Pixeljoy